台静农全集

关于鲁迅及其著作

台静农 整理

海燕出版社

图书在版编目（CIP）数据

关于鲁迅及其著作/台静农整理.—郑州：海燕出版社，2015.10（2016.4重印）
（台静农全集）
ISBN 978-7-5350-6414-1

Ⅰ.①关… Ⅱ.①台… Ⅲ.①鲁迅（1881~1936）—人物研究 ②鲁迅著作研究
Ⅳ.①K825.6 ②I210.97

中国版本图书馆CIP数据核字(2015)第221662号

选题策划	黄天奇	美术编辑	刘 瑾	责任印制	邢宏洲
项目统筹	胡宜峰	责任校对	李培勇		
责任编辑	朱立东	责任发行	贾伍民		

主　　编　黄乔生
整体设计　张　胜
版面制作　从文工作室

出版发行　*海燕出版社*
　　　　　（郑州市北林路16号　邮编：450008）
发行热线　0371-65734522
经　　销　全国新华书店
印　　刷　河南省瑞光印务股份有限公司
开　　本　32开(787毫米×1092毫米)
印　　张　3.75印张
字　　数　75千字
版　　次　2015年10月第1版
印　　次　2016年4月第2次印刷
定　　价　27.00元

魯迅先生詩鈔

迅師對古詩文雖工而不喜作，偶有所成，多應朋友
要請，我持一時性情，每遇書隨葉不愛拾集閒棄
以珍藏，請六時遍悟笑莊所鈔存凡二十九首乃從
集外集及日記中得來 景宋謹記

自題小象 西曆一九O三年東京時

靈臺無計逃神矢，風雨如磐闇故園，寄意寒星荃不察，我以
我血薦軒轅

哀范愛農 三首 一九一二年作

風雨飄搖日，余懷范愛農，華顛萎寥落，白眼看雞蟲，世味秋
茶苦，人間直道窮，奈何三月別，竟爾失畸躬
海草國門碧，多年老異鄉，狐狸方去穴，桃偶已登場，故里寒雲
黑，炎天凝夜長，獨沉清冷水，能否滌愁腸
把酒論當世，先生小酒人，大圜猶酩酊，微醉自沉淪
此別成終古，從茲絕緒言，故人雲散盡，我亦等輕塵

雨花

雨花臺邊埋斷戟 莫愁湖裏餘微波 所思美人不
可見 歸憶江天發浩歌

送增田君歸國

扶桑正是秋光好 楓葉如丹照嫩寒 卻折垂楊送
歸客 心隨東棹憶華年

辛未初春書贈駛其山

念大千居上海每日見中華有病不求醫無聊憑詩
書一閒瞻就覺庚所歎歟多怨而天下野南毛阿陳陀
血沃州於一九三二年作

血沃中原肥勁草 寒凝大地發春花 英雄多故謀夫病
渡瀟崇陵哽寧鴉

文章

文章如土欲何之 翹首東雲惹夢思 所恨芳林寥落盡
春蘭秋菊不同時

鲁迅先生诗抄手卷之二

秋夜有感

倚劍慕後送飛花，柏栗叢邊作道場，望帝終教芳艸變，迷陽聊飾大田荒，何來酪果供千佛，難得蓮花似六郎，中夜雞鳴風雨集，起然煙卷覺新涼

亥年殘秋偶作 一九三五年作

曾驚秋肅臨天下，敢遣春溫上筆端，塵海蒼茫沈百感，金風蕭瑟走千官，老歸大澤菰蒲盡，夢墜空雲齒髮寒，竦聽荒雞偏闃寂，起看星斗正闌干

戲作打油詩二首附

後法不自斂元喧然過四十，何好賠脆頭 抵害辦詭法
可情儂女畢化作馬騮踵不來迎，半坊路
世苦有文學女多耳聲鴉鴻代您為狀薪蓮閘門

郭農

一九七五年十月
七十歲寫于北
京陽德東堂

鲁迅先生诗抄手卷之四（跋）

出版说明

台静农（1902—1990），字伯简，笔名青曲、孔嘉等，晚号龙坡叟，安徽霍邱人。青年时期就读于北京大学研究所国学门，与鲁迅等发起成立文学团体未名社，编辑出版《莽原》半月刊、《未名》半月刊和《未名丛刊》《未名新集》等丛书，出版小说集《地之子》和《建塔者》。鲁迅编辑《中国新文学大系·小说二集》，选录台静农作品达四篇之多，更在序言中称赞台静农"贡献了文艺，而且在争写着恋爱的悲欢，都会的明暗的那时候，能将乡间的死生，泥土的气息，移在纸上的，也没有更多，更勤于这作者的了"。台静农编辑的《关于鲁迅及其著作》，是中国最早的鲁迅研究专著之一。1927年后，任教于辅仁大学、厦门大学、山东大学及齐鲁大学等。抗日战争爆发，迁四川，任职国立编译馆和白沙女子师范学院。1946年赴台，任台湾大学中文系教授二十余年，弟子甚众。

台静农著作版本虽多，但皆为单行，略无统系，又因为大陆、台湾睽隔多年，台先生一些著作不为大陆读者所知，其贡献没有得到应有的评价。2012年，北京鲁迅博物馆举办了"无穷天地无穷感——台静农书法精品展"暨纪念台静农诞辰110周年座谈会。会后我们即策划编辑台静农作品全集和书画集，得到台先生亲属以及台湾大学、北京鲁迅博物馆、香港香江博物馆等机构的大力协助。

《台静农全集》共11种（13册）。除书画作品外，收录目前所能见到的台先生的所有作品：《地之子》《建塔者》《龙坡杂文》《白沙草 龙坡草》《静农论文集(上、下)》《中国文学史(上、下)》《关于鲁迅及其著作》《淮南民歌集》《台静农遗稿辑存》《台静农往来书信》《台静农年谱简编》。

《地之子》《建塔者》《龙坡杂文》《关于鲁迅及其著作》《淮南民歌集》《静农论文集》为台先生亲自编定。《中国文学史》是台湾大学中文系的讲义，为台先生后半生心血所聚，经其弟子编辑整理而成。两本诗集加上未编集的诗列为一卷。未收入自编集的文章编为《台静农遗稿辑存》。台先生书信所存不多，且从未编集，此次在台先生亲属努力下，得到台先生给家乡亲属的信札多通；我们将一些他人寄台先生书信编入，称之为"往来书信"，虽然有些书信并没有构成来往，但借此可以了解台先生的交游和志趣。最后，编者参考了多种资料，编成《台静农年谱简编》。

全集的主要编撰人员为黄乔生、姬学友、刘思源、许礼平、徐鼎铭等。台湾大学中文系何寄澎、柯庆明、许铭全诸位先生整理《中国文学史》厥功甚伟，值得铭记。海燕出版社重视学术文化积累，精心组织，细致核校，使全集得以顺利出版。

台静农著作出版时间跨度大（有些作品为20世纪早期白话文），加之台湾和大陆出版规范的差异，我们在编辑过程中遇到大量文字用法不统一的问题，如"做"和"作"，"好象"和"好像"，"的"和"地"，"那"和"哪"，"崛强"和"倔强"，"迷漫"和"弥漫"，"消毁"和"销毁"，等等。为了尊重文本的历史性，在不损害文意的前提下，本集尽量保存较早版本的原貌。

因水平有限，本集一定存在不少问题，敬请读者批评指正。

编者

2015年9月15日

目录

序言………1

鲁迅自叙传略………4

访鲁迅先生——断片的回忆(曙天女士)………8

鲁迅先生(张定璜)………13

鲁迅先生(尚钺)………31

致志摩(陈源)………34

初次见鲁迅先生(马珏)………44

读《呐喊》(雁冰)………49

读《呐喊》(Y生)………57

《呐喊》的评论(成仿吾)………64

《呐喊》（冯文炳）………74

鲁迅的《呐喊》（玉狼）………78

呐喊——桌话之六（天用）………82

我所见于《示众》者（孙福熙）………88

鲁迅先生撰译书录（景宋）………95

  一 撰著／95
  二 翻译／97
  三 纂辑／101
  四 校订／102

序言

我在最近的期间，约有一月工夫，能将这几年来一般人士对于鲁迅先生及其著作的观察、感想和批评搜集起来，这在我是一件很能慰心的事，因为我完成了我所愿意完成的一部分工作，虽然我并不知道别人对于这事的意见如何。

有一两篇文字，在我个人是觉得并非无意义的；还有国外的人，如法国罗曼罗兰对于法文译本《阿Q正传》的评语，和这一篇的俄文译者俄国王希礼君致曹靖华君的信，日本清水安三《支那的新人及黎明运动》中关于他的记载，以及最近美国巴特勒特去访问他的时候的重要的谈话，本来都拟加入，后来却依了鲁迅先生自己的意见，一概中止了，但反而加添了一篇陈源教授的信。

我搜印这一本书，也并没有什么深意：第一，只想爱读鲁迅先生作品的人藉此可以一时得到许多议论和记载，和自己的意思相参照，或许更有意味些；第二，这里面有揄扬、有贬损、有谩骂，在同一的时代里，反映出批评者的不同一的心来，展开在我们一般读批评文字的人的眼前，这是如何令人惊奇而又如何平淡的事呵！

最使我高兴的，是陈源教授骂鲁迅先生的那种"他就跳到半天空，骂得你体无完肤——还不肯罢休"的精神。我觉得，在现在的专爱微温、敷衍、中和、回旋、不想急进的中国人中，这种精神是必须的，新的中国就要在这里出现。我们只要一读《呐喊》和以后的其他作品，就可以看出作者也曾将这种精神不独用在《热风》和《华盖集》的一些短文里，小说中尤其表现得清楚。每个人物，在他的腕下，整个的原形就显现了，丝毫遮掩不住自己。我爱这种精神，这也是我集印这本书的主要原因。

    静农。一九二六，六，二十。

《关于鲁迅及其著作》原书封面

鲁迅自叙传略

我于一八八一年生在浙江省绍兴府城里的一家姓周的家里。父亲是读书的；母亲姓鲁，乡下人，她以自修得到能够看书的学力。听人说，在我幼小时候，家里还有四五十亩水田，并不很愁生计。但到我十三岁时，我家忽而遭了一场很大的变故，几乎什么也没有了；我寄住在一个亲戚家，有时还被称为乞食者。我于是决心回家，而我的父亲又生了重病，约有三年多，死去了。我渐至于连极少的学费也无法可想；我的母亲便给我筹办了一点旅费，教我去寻无需学费的学校去，因为我总不肯学做幕友或商人，——这是我乡衰落了的读书人家子弟所常走的两条路。

其时我是十八岁，便旅行到南京，考入水师学堂了，分在机关科。大约过了半年，我又走出，改进矿路学堂去学开矿,毕业之后,即被派往日本去留学。但待到在东京的豫备学校毕业,我已经决意要学医了,原因之一是因为我确知道了新的医学对于日本维新有很大的助力。我于是进了仙台(Sendai)医学专门学校,学了两年。这时正值俄日战争,我偶然在电影上看见一个中国人因做侦探而将被斩,因此又觉得在中国还应该先提倡新文艺。我便弃了学籍,再到东京,和几个朋友立了些小计划,但都陆续失败了。我又想往德国去,也失败了。终于,因为我的母亲和几个别的人很希望我有经济上的帮助,我便回到中国来;这时我是二十九岁。

我一回国,就在浙江杭州的两级师范学堂做化学和生理学教员,第二年就走出,到绍兴中学堂去做教务长,第三年又走出,没有地方可去,想在一个书店去做编译员,到底被拒绝了。但革命也就发生,绍兴光复后,我做了师范学校的校长。革命政府在南京成立,教育部长招我去做部员;移入北京,一直到现在。近几年,我还兼做北京大学、师范大学、女子师范大学的国文系讲师。

我在留学时候,只在杂志上登过几篇不好的文章。初做小说是一九一八年,因为我的朋友钱玄同的劝告,做来登在《新青年》上的。这时才用"鲁迅"的笔名(Pen

―name）；也常用别的名字做一点短论。现在汇印成书只有一本短篇小说集《呐喊》，其余还散在几种杂志上。别的，除翻译不计外，印成的又有一本《中国小说史略》。

(一九二五年六月，《语丝》所载)

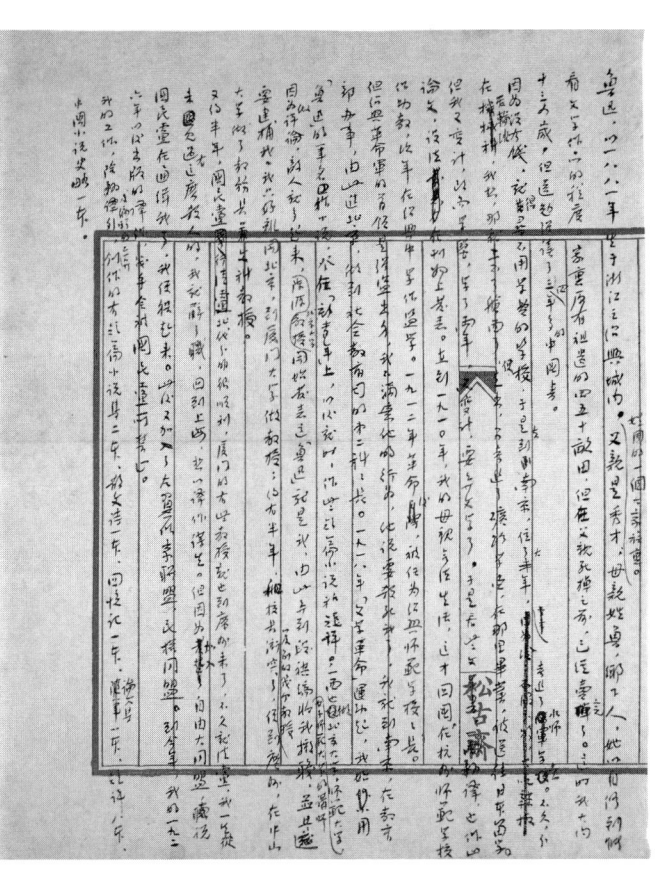

《自叙传略》手稿，写于1934年

访鲁迅先生
——断片的回忆

曙天女士

孙老头儿是一个很有趣味的人,我和 S 哥都喜欢同他玩。

人们都说孙老头儿是日本人,因为他是一个矮子,而且,脸上养了东洋式的胡须。当他在戏园里看戏的时候,茶房们对他罗嗦,他置之不答,于是茶房们便说:"呵,日本人是很难说话的!"

真的,孙老头儿活像个日本人!

S 哥是很好吃的,我替他取了一个绰号,叫做"吃精"。他最喜欢上馆子。

然而孙老头儿的好吃,大约不亚于 S 哥罢,因为 S 哥要上馆,孙老头儿总是赞成的。

那天,是深秋的一个正午,他们俩儿又要上馆去了,我也只好同去。

大家都吃饱了以后,便照例要想玩了。

"到哪里玩去?"S哥问。

"访鲁迅先生去!"孙老头儿说。

"好的!"我赞成地说。

我的脑中开始想象我理想中的鲁迅先生了。我读过他的《呐喊》,而且读过不止一次。我想象中的鲁迅先生大约是很沉闷而勇猛的罢。我觉得《呐喊》的味是辣而苦的,然而我不知道为了什么总爱读它。

在一个很僻静的胡同里我们到了鲁迅先生之居了。我们敲门,便有人来开。孙老头儿先进去报告了,我和S哥站在院里;院里有一棵枣树,是落了叶子的。

房门开了,出来一个比孙老头儿更老的老年人,然而大约也不过五十岁左右罢,黄瘦的脸庞,短胡子,然而举止很有神,我知道这就是鲁迅先生。

我们都走进鲁迅先生的卧房了。

这是一间并不宽大的卧房,房门的右边,摆了一个书架,然而书架上的书籍并不多。接着是一个桌子,这就是《呐喊》的作者的著书桌罢。桌的旁边接着摆了一只箱子,箱子上也杂乱地堆了些书籍。卧床是靠着房的后墙的,这是很简单的床罢,因为是用两只板凳和木板搭成的。

我和S哥坐在房的左边的椅子上,孙老头儿坐在床上。

我开始知道鲁迅先生是爱说笑话了。我访过鲁迅先生的令弟启明先生,启明先生也是爱说笑话的。然而鲁迅先生说笑话时他自己并不笑,启明先生说笑话时他自己也笑,这是他们哥儿俩说笑话的分别。

鲁迅先生端出一匣饼干来了。

"刚才吃过饭。"我说。

"吃过饭便不能吃饼干么?"鲁迅先生说。然而孙老头儿与S哥已经开始大嚼了。

因为知道我是喜欢绘画的缘故,鲁迅先生找出一册册的德国名画来。

我不懂德文,所以只能看画。

然而画上有蛇,我怕蛇,连画上的蛇也怕看。

"绘画的人是不能怕蛇的!"鲁迅先生说。

我羞惭而微笑了。

鲁迅先生对于欧洲名画大约看得很多的。他说绘画的 Design(构思) 很要紧。然而中国的绘画者大都对于 Design 不下工夫!

大家乱七八糟地谈了半天。我只深刻地记得鲁迅先生的话很多令人发笑的。然而鲁迅先生并不笑。可惜我不能将鲁迅先生的笑话写了出来。爱听笑话的人,最好亲自到鲁迅先生那里去听。

(一九二五年一月,《京报副刊》所载)

鲁迅1903年照相（于日本东京）

鲁迅先生

张定璜

上

朋友们时常谈到寂寞,在像这样的冬夜里我也是深感寂寞的一人。我们常觉得缺少什么似的,常感到一种未曾填满的空虚。我们也许是在心胸里描写着华丽的舞台,美妙的音乐或新鲜的戏剧罢,眼前向我们躺着的呢,只是一条冰冻的道路;虽然路旁未必没有几株裸树,几个叫化子,几堆垃圾或混着黄灰的残雪,然而够荒凉的了。还好,我们生来并不忒聪明也并不忒傻,我们有宝贵的常识,知道昼夜的循环,四时的交替。我们相信夜总有去的时候,春天终久必定来到。能够相信便不坏,而况相信常识。不过常识间或也会恼人。譬如说，常识告诉我们这个夜是有尽的，这个冬不是永久的，这固然够使得我们乐观，但常识也告诉我们，夜究竟不及昼的和暖，冬究竟不如春的明媚。枯坐在这个冬夜里的我们,对于未来假令有一番虔信，对于现在到底逃不掉失望。于是我们所可聊以自慰的便是作梦。我们梦到明日的花园，梦到理想的仙乡，梦到许多好看好听好吃好穿的东西；有的梦到不老的少年，有的梦到长春的美女，有的梦到纯真的友谊，有的梦到不知道嫉妒的恋爱，有的梦到崭新的艺术的宫。作梦也是人们在这地上享受得到的有限的幸福之一，也有许多人是不能作梦的，多可怜！不过就令你能作梦，梦也有醒的时候。那时你擦擦眼睛，看看周围。那时寂寞又从新爬到你心上来。

不过仔细想时，寂寞于我们并没有什么了不得的坏处也未可知。至少他总比喧噪强一点。华丽的舞台和美妙的音乐和新鲜的戏剧固然是你心愿的。但与其鉴赏那些三不像的红红绿绿中西杂糅的楼房，听那些拉外国调儿的胡琴，或看那些男扮女装忸怩作态的名角，一方面手巾把子在你头上乱飞，瓜子花生的壳吐着满地，叫好声呵欠声咿哑声嗳哟声接二连三的不绝，烟气汗腥气脂粉气土气凑合成一股臭气，与其如此，你宁肯一个人关在家里守着你的寂寞。在那里你得不着什么，在这里你至少是你自己。我知道两种人。一种是甘居寂寞的人，在他们里面，寂寞已经失掉了我们普通所谓寂寞的意味。在我们以为是一块沙漠的，在他们完全是一个世界。而且是多么丰富的一个世界！那里面有天国，有乐园，有全能的神，有姣好的仙女，有永久的真和善和美。比起那个来，我们现在住的只是一堆粪土，一个肉尸，早晚得化散的东西。住在那里面的人已经不知道了什么是寂寞，因为他们已经知道了什么是不寂寞。幸福的灵魂，世上幸而有你们这点儿点缀，不然，恐怕更没趣的多了。还有一种人，他们不甘寂寞然而舍不了寂寞。他们咒骂人生而又眷恋人生，也许正是因为他们眷恋的太深了，所以不能免于咒骂罢。他们不能屏弃浊酒不喝，然而喝时他们总嚷着："为什么不给我们上好的花雕？"他们觉得他们的母亲年老了，头发掉了，门牙落了，鼻涕口沫露出来了，衣服穿的不整齐干净了，所以每逢到亲朋来往时的前后，他们总得发一顿牢骚，吐几口气，然而其实他们的真心爱他们的母亲也许在一般所谓孝子之上。他们天天早晨起来不是抱怨风起的不好，就是嫌雨下的太少了，但到夜里，他们依旧睡到各人自以为世上顶不舒服的一张床上去。他们是真正的母地的儿女。你们可别以为他们绝对不知道快乐。他们也有和前一种人一样的快乐,他们也能作梦。刚才我说过人们不是尽能作梦的,也许说的夸张了一点,因为我听人说,大抵的人一生世里夜间睡在床上时总能作几个梦。不过白昼作梦或虽非白昼而张着眼睛作梦,这可真少了。我们不鄙视夜间的梦,因为他往往是很美丽很有趣的,我们不过想说白昼的梦或非白昼而张着眼睛作的梦往往更美丽更有趣罢了。这样的梦只有两种人能作,只有甘于寂寞的人,或不甘于寂寞而偏舍不掉寂寞的能作。这样的梦是寂寞的宁馨儿。

鲁迅先生告诉我们,他"年青时候也曾经做过许多梦,后来大半忘却了,但自己并不以为可惜……但又偏苦于不能全忘却,这不能全忘的一部分便成了他的《呐喊》的来由"。鲁迅先生知道梦的可爱,而自己又作了许多可爱的梦,所以说话时免不掉带一点谦虚,就譬如慈母在客人面前拍拍儿子的头,骂两声"没出息的东西",因为舍不得教客人听见她说"我的宝贝";鲁迅先生不但年青时候作过梦,现在还能作梦,而且我们希望他将来还会多多作梦。他是我们里面少有的一个白昼作梦张眼作梦的人。他小时便是寂寞的伴侣;错了,他是寂寞抚养大的。我们不须亲身跟随他去"出入于质铺和药店里",去学海军,去到日本学医,

1910年在蒋抑卮病室中（局部）

我们只须读一遍他那篇简洁的自传体的序文就可以想象出他年青时代处的是怎样一个境遇。总之鲁迅先生饱尝过寂寞的滋味，虽然他并不是甘于寂寞的人。他说：" 凡有一人的主张，得了赞和，是促其前进的，得了反对，是促其奋斗的，独有叫喊于生人中，而生人并无反应，既非赞和，也无反对，如置身毫无边际的荒原，无可措手的了，这是怎样的悲哀呵，我于是以我所感到者为寂寞。" 他是不甘寂寞的，因为这不太像甘于寂寞的人说话。然而逃不掉寂寞，他于是作了许多梦，白昼的梦，张开眼作的梦。这些梦不打紧工夫就织成了《狂人日记》以下总共十五篇的短篇小说集《呐喊》。

但诸君有读过《双枰记》《绛纱记》和《焚剑记》的么？无端提起这话来，或有人不以为然。但我以为他们值得没读过来的人的一读。小时候读小说是家庭里严厉禁止的，我虽然偷偷缩缩的读过一点，然而也就有限的很了。前回我听见西滢先生说吴趼人是近代中国的一个好小说家，我很相信他的话，因为少读书的我，近人的东西《红楼梦》而外，只忘不了《恨海》。《恨海》的记忆至今还是新的，我为它哭了几遍。待到黑幕派流行时我也离开中国了。一天我偶然间发现了《双枰记》，其次《绛纱记》，又其次《焚剑记》，我才想到了，原来中国还有人在那里作小说。如今看起来，我们所夸耀的"白话的文学和文学的白话"时代以前的东西在形式上也许不惹人爱。不过我喜欢他们的真切，没闲工夫再去责备他们的不时新。我最感到趣味的是他们的作家写东西时都牢记着他们的自己，都是为他们自己而写东西，所以你读一篇作品，你同时认出一个人。我知道世上也有 Shakespeare，Balzac，曹雪芹——也许没有这么一个姓曹的罢，但那是考证家的事——等等能够造出整个儿的宇宙的人们，我也佩服他们的伟大，但我依旧以为普通个人所住的一间屋子是不会大到无限的，而那个人关于那墙壁以内一切事物的知识是比较关于那墙壁以外的更亲切而有味的。因此，我觉得"凡是一个人，他至少能写一个故事"这句话如果有语病，那语病大概不在"能"字而在"少"字。假使个个人能写出许多许多故事来，那应该多么好，应该要增加多少人间的宝库！可惜的是事实上我们的大多数终生连一个故事也不写，那些写的又大多数是至"多"只能写一个故事——他们自己的故事——的人。他们未尝不写一个以上的故事，但我们要知道那时候，譬如鲁迅先生写《不周山》的时候，我们的作家已经不在那间坐卧饮食的屋子里了，已经出外玩游去了。玩游回来，他自然告诉我们一些异地的风光，他乡的景色，然而我们觉得那总不及他说他自己那个小——你真当作他小么？——世界里的事情时，说的亲切而有味。美好的故事都是亲切而有味的故事，都是作家他自己的故事。《双枰记》和另外两篇是如此，《狂人日记》到《社戏》的十四篇也是如此。

这样说并不是说他们是一个东西。我若把《双枰记》和《狂人日记》摆在一块儿了，那是因为第一，我觉得前者是亲切而有味的一点小东西；第二，这样可以使我更加了解《呐喊》的地位。《双枰记》等载在《甲寅》上是一九一四年的事情，《新青年》发表《狂人日记》在一九一八年，中间不过四年的光阴，然而他们彼此去多么远。两种的语言，两样的感情，两个不同的世界！在《双枰记》《绛纱记》和《焚剑记》里面我们保存着我们最后的旧体的作风，最后的文言小说，最后的才子佳人的幻影，最后的浪漫的情波，最后的中国人祖先传来的人生观。读了他们我们再读《狂人日记》时，我们就譬如从薄暗的古庙的灯明底下骤然间走到夏日的炎光里来，我们由中世纪跨进了现代。

下

鲁迅先生站在路旁边，看见我们男男女女在大街上来去，高的矮的，老的小的，肥的瘦的，笑的哭的，一大群在那里蠢动。从我们的眼睛，面貌，举动上，从我们的全身上，他看出我们的冥顽，卑劣，丑恶和饥饿。饥饿！在他面前经过的有一个不是饿得慌的人么？任凭你拉着他的手，给他说你正在救国，或正在向民众去，或正在鼓吹男女平权，或正在提倡人道主义，或正在作这样作那样，你就说了半天也白费。他不信你。他至少是不理你，至多，从他那枝小烟卷儿的后面他冷静地朝着你的左腹部望你一眼，也懒得告诉你他是学过医的，而且知道你的也是和一般人的一样，胃病。鲁迅先生的医学究竟学到了怎样一个境地，曾经进过解剖室没有，我们不得而知，但我们知道他他有三个特色，那也是老于手术富于经验的医生的特色，第一个，冷静，第二个，还是冷静，第三个，还是冷静。你别想去恐吓他，蒙蔽他。不等到你开嘴说话，他的尖锐的眼光已经教你明白了他知道你也许比你自己知道的还更清楚。他知道怎么样去抹杀那表面的微细的，怎么样去检查那根本的扼要的，你穿的是什么衣服，摆的是那一种架子，说的是什么口腔，这些他都管不着，他只要看你这个赤裸裸的人，他要看，他于是乎看了，虽然你会打扮的漂亮时新的，包扎的紧紧贴贴的，虽然你主张绅士的体面或女性的尊严，这样，用这种大胆的强硬的甚而至于残忍的态度，他在我们里面看见赵家的狗，赵贵翁的眼色，看见说"咬你几口"的女人，看见青面獠牙的笑，看见孔乙己的窃偷，看见老栓买红馒头给小栓治病，看见红鼻子老拱和蓝皮阿五，看见九斤老太，七斤，七斤嫂，六斤等的一家，看见阿Q的枪毙——一句话，看见一群在饥饿里逃生的中国人。曾经有过这样老实不客气的剥脱么？曾经存在过这样沉默的旁观者么？《水浒》若教你笑，《红楼梦》若教你哭，《儒林外史》之流若教你打呵欠，我说《呐喊》便教你哭笑不得，身子不能动弹。平常爱读美满的团圆，或惊奇的冒险，或英雄的伟绩的谁也不会愿意读《呐喊》。那里面有的只是些极其普通极其平凡的人，你天天在屋子里在街上遇见的人，你的亲戚，你的朋友，你自己。《呐喊》里面没有像电影里面似的使你焦躁，使你亢奋的光景，因为你的日常生活里面就没有那样光景。鲁镇只是中国乡间，随便我们走到哪里去都遇得见的一个镇，镇上的生活也是我们从乡间来的人儿时所习见的生活。在这个习见的世界里，在这些熟识的人们里，要找出惊天动地的事情来是很难的，找来找去不过是孔乙己偷东西给人家打断了腿，单四嫂子死了儿子，七斤后悔自己的辫子没有了一类的话罢了，至多也不过是阿Q的枪毙罢了。然而鲁迅先生告诉我们，偏是这些极其普通，极其平凡的人事里含有一切的永久的悲哀。鲁迅先生并没有把这个明明白白地写出来告诉我们，他不是那种人。但这个悲哀毕竟在那里，我们都感觉到它。我们无法拒绝它。它已经不是那可歌可泣的青年时代的感伤的奔放，乃是舟子在人生的航海里饱尝了忧患之后的叹息，发出来非常之微，同时发出来的地方非常之深。

鲁迅先生的《呐喊》将来在中国文学史上会给他怎样一个位置，我们无从知道，也毋须知道。时光自然会把这个告诉比我们后来的人。目下我们喜欢知道而且能够知道的大概有两件事。

第一，鲁迅先生是一个艺术家，是一个有良心的；那就是说，忠于他的表现的，忠于他自己的艺术家。无论什么时候什么地方，他决不忘记他对于他自己的诚实。他看见什么,他描写什么。他把他自己的世界展开给我们,不粉饰,也不遮盖。那是他最熟识的世界,也是我们最生疏的世界,我们天天过活,自以为耳目聪明。其实多半是聋子兼瞎子,我们视而不见,听而不闻。且不说别的,我们先就不认识我们自己,待到逢见少数的人们,能够认识自己,能够辨认自己所住的世界,并且能够把那世界再现出来的人们,我们才对于从来漠不关心的事物从新感到小孩子的惊奇,我们才明白许多不值一计较的小东西都包含着可怕的复杂的意味,我们才想到人生,命运,死,以及一切的悲哀。鲁迅先生便是这些少数人们里面的一个,他嫌恶中国人,咒骂中国人,然而他自己是一个纯粹的中国人,他的作品满熏着中国的土气,他可以说是眼前我们唯一的乡土艺术家,他毕竟是中国的儿子,毕竟忘不掉中国。我们若怪他的嫌恶咒骂不好,我们得首先怪我们自己不好,因为他想夸耀想赞美而不得,他才想到了这个打扫厕所的办法。让我们别厌烦他的噜苏,但感谢他的勤勉罢。至于他的讽刺呢,我以为讽刺家和理想家原来是一个东西的表里两面。我们不必管讽刺的难受不难受,或对不对,只问讽刺的好不好,就是说美不美。我不敢说鲁迅先生的讽刺全是美的,我敢说他的大都是美的。他知道怎样去用适当

鲁迅于杭州

的文字传递适当的情思,不冗长,不散漫,不过火,有许多人费尽苦心去讲求涂刷颜色的,结果不是给我们一块画家的调色板便是一张戏场门前的广告单。我们觉得它离奇光怪,再没什么。读《呐喊》,读那篇那里面最可爱的小东西《孔乙己》,我们看不见调色板上的糊涂和广告单上的丑陋,我们只感到一个干净。《呐喊》的作风所以产生了许多摹仿大概就是因为这个缘故。单在这个意义上,鲁迅先生也是新文学的第一个开拓者。事实是在一切意义上他是文学革命后我们所得了的第一个作家。是他在中国文学史上用实力给我们划了一个新时代,虽然他并没有高唱文学革命论。

关于第二件,用得着说的话不很多。鲁迅先生给了我们好些东西,自然也会有好些东西是鲁迅先生没给,因为不能给我们的。在我个人呢,他给了我的已经是够我喜欢了。我们的欲望太大,我们的努力太小,我们往往容易忘记自己的微弱,而责备别人为什么不是李杜再世,什么没有"莎翁"和"但老"的伟大。伟大不是会从天空掉下来或地上长出来的东西。也许五十年或百年以后我们的文学史上会另有一个花期,像唐代的或盖过唐代的花期罢,不过想说这句话先得作一个预言家,而我又不是一个预言家。我只以为伟大的时代或伟大的作品是只有诚实可以产生出来的，但我们现在的时代，我们现在的生活，我们现在的文坛——假使我们真有一个文坛——什么都齐备了，偏偏缺少诚实。我们的华屋建筑在沙上，我们在那上面想创造我们的伟大！鲁迅先生不是和我们所理想的伟大一般伟大的作家，他自己也知道自己的狭窄。然而他有的正是我们所没有的，我们所缺少的诚实。我们还说他给少了么？假使我们觉得《呐喊》的作家没有十分的情热，没有瑰奇的想像，没有多方面的经验，我们应该想到，虽然如此，他究竟是自然，是真切，他究竟没打算给我们备办些纸扎的美人或温室里烘出来的盆景。别的人怎么看，怎么感想，他不过问；他只把他所看的所感想的忠实地写出来，这便是他使我们忘不掉的地方。《呐喊》里面有两篇近于自传的东西，写出作家儿时生活的片断给我们看的，格外引起我们一种亲密的感情。一篇是《故乡》，另外一篇是《社戏》。《社戏》并且是一篇极好的，鲁迅先生所不大写的纪行文。我不爱《不周山》，因为我不懂他。其余虽短短的好像不成片段的《鸭的喜剧》，我也读得有趣，因为从那里面我可以知道鲁迅先生，可以知道他所看的，所感受的东西。

有人说《呐喊》的作家的看法带点病态，所以他看的人生也带点病态,其实实在的人生并不如此。我以为这个问题犯不着我们去计较。我记得 Anatole France 说过大致这样的一个故事,现在联想它,就把它写在这里罢。

一天有一面平镜在公园里遇见了一面凸镜。他说:"我看你真没出息,把自然表显成你那种样子。你准是疯了罢,不然你就不会给个个人物一个大肚子,一个小头和一对小脚,把直线变成曲线。"

"你才把自然弄得歪东倒西呢,"凸镜冷酷的回答,"你的平面把树木们弄直了,就以为他们真是直的,你把你外面的件件东西看作平的和你里面的一样。树干子们是曲的。这是真话。你不过是一面骗人的镜子罢了。"

"我谁也不骗,"那个说,"你,老凸,倒把人们东西们弄得怪形怪状的。"

两下打架渐渐打得热闹起来了,刚好旁边过来了一位数学家,据说就是那位鼎鼎大名的 d'Alembert。

"我的朋友们,你们俩都对了也都错了,"他对那镜子们说,"你们俩都依着光学的法则去照东西。你们所容受的人物,两下都有几何学的正确。他们两下都是完好的。如果再来一面凹镜,他必定会现出第三个照像来。和你们的很不同,但一样是完好的。说到自然她本身呢,她的真的形相谁也不知道,并且她除开照在镜子们里面之外或者竟没有什么形相也未可知。所以我劝先生们别因为彼此对于外物所得的照像不一样就彼此叫作疯子罢。"

(一九二五年一月,《现代评论》所载)

鲁迅悼范爱农五言律诗三首

鲁迅先生

尚钺

人无聊到连无聊都失掉了滋味的时候,那便连幻想也失了它的迷惑、引诱的作用了。这时的人,除了在路上走着的之外,便只有睡那不成梦的觉。在他的不能入梦的睡里,去找些往事来发烦。在这些往事中,只是往事,也许有些使他更为发烦的梦的存在。在这时候,他拿着往事,来说明今事,来预言未来的事。假若他是一个有灵魂的人,那他的使他更为发烦的往事的梦,也便藏着时代的灵魂而成为现在梦。然而这梦又是刹那间,极迅速的刹那间的浮现物。这时,他要是没有能力或只是真的去睡,或在路上走着的时候,那便不用说了。若他的环境和能力能使他在烦恼的忙中静下来,坐在一个空洞的地方,那便要成为梦了,有灵魂的梦。因为它是作者的灵魂和时代精神的说明和预言。

这种有作者的灵魂和时代精神的说明和预言的梦里,对于一部分人,有灵魂的人,他能将以他——作者——的同情给与。他们——有灵魂的人——同时也在他的给与的同情中发现安慰。然而同时,他——作者——又对于那一般没有灵魂的人,沉溺于虚荣、骄傲、势利忙杀、欺骗忙杀的人们或批评家,一定要得着极端的反感;因为他的梦的说明或预言中有一种能在他们的极端愿意的迷睡的灵魂上,给与以刺激的不安。换一句话说:就是他能在他们的隐微中,掘出了他们极想蕴藏的卑劣的根底来。这就是摆伦、斯威夫特之所以不见容于他们本国的原因与一般通俗的唯美派诗人或艺术家之所以到处受人欢迎的原因。这也就是我国的鲁迅先生之所以一再做"碰壁"的原因。

"有谁从小康人家而坠入困顿的么,我以为在这途路中,大概可以看见世人的真面目;……"(见《呐喊·自序》)

这上边一段,大约是鲁迅先生的"我在年轻的时候也曾做过许多梦"的梦的根底吧?这也就是,我想着,使他到现在更为发烦的往事的梦;也就是他"感到未尝经验的无聊"的"叫喊于生人中,而生人并无反应……如置身毫无边际的荒原,无可措手……"的现在"寂寞"的根底吧?

鲁迅先生在这样的烦恼中，失望中，寂寞中，他的能力使他坐下了，他在这荒原中坐下了，他的被寂寞的大蛇缠住的灵魂，便要在他的有时代精神的梦里出现了。

他的老朋友金心异来了。他的"在于将来"的希望，使他来写文章，使他来做那破毁那"绝无窗户而万难破毁的"铁屋子的《呐喊》的工作。《新青年》（非今日的《新青年》）出世了。《呐喊》出世了。而他的《药》里瑜儿坟上的花环，《明天》里单四嫂子没有做不看见儿子的梦的梦；那时的青年虽没有被传染了他的寂寞，但到现在却已经长老。而鲁迅先生的寂寞，还依然寂寞着，不亚于在沙漠里。恐怕鲁迅先生的"在于将来"的梦，现在还是"在于将来"吧！因为在这个荒原里，现在我觉着，连"寂寞"也快被磨擦消灭了；而同时随着寂寞成反比例而生的只有沉溺于虚荣、骄傲、势利忙杀、欺骗忙杀的没有灵魂的东西。

"绝无窗户而万难破坏"的铁屋子里边熟睡的人们，已经都"从昏睡入死灭"了，所余者只有未毁灭的死肉。鲁迅先生的碰壁，恐怕也只有碰壁下去。因为碰壁便是今日有灵魂的人们必要的工作。

（一九二五年十月，《京报副刊》所载）

致志摩

陈源

志摩：

前面几封信里说起了几次周岂明先生的令兄：鲁迅，即教育部佥事周树人先生的名字。这里似乎不能不提一提。其实，我把他们一口气说了，真有些冤曲了我们的岂明先生。他与他的令兄比较起来，真是小巫遇见了大巫。有人说，他们兄弟俩都有他们贵乡绍兴的刑名师爷的脾气。这话，岂明先生自己也好像曾有部分的承认。不过，我们得分别，一位是没有做过官的刑名师爷，一位是做了十几年官的刑名师爷。

鲁迅先生一下笔就想构陷人家的罪状。他不是减，就是加，不是断章取义，便捏造些事实。他是中国"思想界的权威者"，轻易得罪不得的。我既然说了这两句话，能不拿些证据来。可是他的文章，我看过了就放进了应该去的地方——说句体己话，我觉得它们就不应该从那里出来——手边却没有。只好随便举一两个例吧。好在他每篇文章都可以做很好的证据，要是你要看的话。

远一些的一个例。他说我同杨荫榆女士有亲戚朋友的关系，并且吃了她许多的酒饭。实在呢，我同杨女士非但不是亲戚，简直就完全不认识。直到前年在女师大代课的时候，才在开会的时候见过她五六面。从去年二月起我就没有去代课。我从那时起直到今天，也就没有在任何地方碰到过杨女士。

近一些的一个例。我在《现代评论增刊》里泛论图书的重要。我说孤桐先生在他未下台以前发表的两篇文章里，这一层"他似乎没看到"。（增刊六三页）鲁迅先生在前一两星期的《语丝》里就轻轻的代我改为"听说孤桐先生到是想到了这一节，曾经发表过文章，然而下台了，很可惜。"你看见吗，那刀笔吏的笔尖？

再举一个与我无关的例吧。李仲揆先生是我们相识人中一个最纯粹的学者，你是知道的。新近国立京师图书馆聘他为副馆长。他因为也许可以在北京弄出一个比较完美的科学图书馆来，也就答应了。可是北大的章程，教授不得兼差的。虽然许多教授兼二三个以至五六个重要的差使，李先生却向校长去告一年的假，在告假期内不支薪。他现在正在收束他的功课。他的副馆长的月薪不过二百五十元。你想一想，有几个肯这样干。然而鲁迅先生却一次再次的说他是"北大教授兼国立京师图书馆长月薪至少五六百元的李四光"。

好了，不举例了。不过你要知道，就是这位鲁迅先生，他是中国"思想界的权威者""青年叛徒的首领"。

有人同我说，鲁迅先生缺乏的是一面大镜子，所以永远见不到他的尊容。我说他说错了，鲁迅先生的所以这样，正因为他有了一面大镜子。你见过赵子昂——是不是他？——画马的故事罢？他要画一个姿势，就对镜伏地做出那个姿势来。鲁迅先生的文章也是对了他的大镜子写的，没有一句骂人的话不能应用在他自己的身上。要是你不信，我可以同你打一个赌。

不是有一次一个报馆访员称我们为"文士"吗？鲁迅先生为了那名字几乎笑掉牙。可是后来某报天天鼓吹他是"思想界的权威者"，他倒又不笑了。

他没有一篇文章里不放几枝冷箭，但是他自己常常的说人"放冷箭"并且说"放冷箭"是卑劣的行为。

他常常"散布流言"和"捏造事实",如上面举出来的几个例,但是他自己又常常的骂人"散布流言""捏造事实",并且承认那样是"下流"。

他常常的无故骂人,要是那人生气,他就说人家没有"幽默"。可是要是有人侵犯了他一言半语,他就跳到半天空,骂得你体无完肤——还不肯罢休。

他常常挖苦别人家抄袭。有一个学生抄了沫若的几句诗,他老先生骂得刻骨镂心的痛快。可是他自己的《中国小说史略》却就是根据日本人盐谷温的《支那文学概论讲话》里面的"小说"一部分。其实拿人家的著述做你自己的蓝本,本可以原谅,只要你书中有那样的声明。可是鲁迅先生就没有那样的声明。在我们看来,你自己做了不正当的事也就罢了,何苦再挖苦一个可怜的学生,可是他还尽量的把人家刻薄。"窃钩者诛,窃国者侯",本是自古已有的道理。

他在《出了象牙之塔》的《后记》里,说起不愿译《文学者和政治家》一文的理由。他说:"和中国现在的政客官僚们讲论此事,却是对牛弹琴;至于两方面的接近,在北京却时常有,几多丑态和恶行,都在这新而黑暗的阴影中开演,不过还想不出作者所说似的好招牌。"你看这才不愧为"青年叛徒的领袖"！他那种一见官僚便回头欲呕的神情，活现在纸上。可是啊，可是他现任教育部的佥事。据他自己的自传，他从民国元年便做了教育部的官，从没脱离过。所以袁世凯称帝，他在教育部，曹锟贿选，他在教育部，"代表无耻的彭永彝"做总长，他也在教育部，甚而至于"代表无耻的章士钊"免了他的职后，他还大嚷"佥事这一个官儿倒也并不算怎样的'区区'"，怎么有人在那里钻谋补他的缺，怎样以为无足轻重的人是"慷他人之慨"，如是如是，这样这样……这像"青年叛徒的领袖"吗？其实一个人做官也不大要紧，做了官再装出这样的面孔来可叫人有些恶心吧了。现在又有人送他"土匪"的名号了。好一个"土匪"。

志摩，你看，这才是中国"青年叛徒的领袖"，中国的青年叛徒也可想而知了。这才是中国"思想界的权威者"，中国的思想界也就可想而知了。这才是中国的"土匪"……我不得不也来庆祝中国的土匪！

志摩，不要以为我又生气了。我不过觉得鲁迅先生是我们中间很可研究的一位大人物，所以不免扯了一大段罢了。可惜我只见过他一次，不能代他画一幅文字的像——这也是一种无聊的妄想吧了，不要以为我自信能画得出这样心理繁复的人物来。

说起画像,忽然想起了本月二十三日《京报副刊》里林语堂先生画的《鲁迅先生打叭儿狗图》。要是你没有看见过鲁迅先生,我劝你弄一份看看。你看他面上八字胡子,头上皮帽,身上厚厚的一件大氅,很可以表出一个官僚的神情来。不过林先生的打叭儿狗的想象好像差一点。我以为最好的想象是鲁迅先生张着嘴立在泥潭中,后面立着一群悻悻的狗,"一犬吠影,百犬吠声",不是俗语么?可是千万不可忘了那叭儿狗,因为叭儿狗能今天跟了黑狗这样叫,明天跟了白狗那样叫,黑夜的时候还能在暗中猛不防的咬人家一口。

不写了,不写了。无聊的话也说够了。以上的二三千字已经够支持人家半年的攻击了。我现在也要说几句正经话了。

常常有人来问我,人家天天攻击我,他们不懂为什么。人家为什么攻击,我也不十分明了为什么。可是我为什么不回答,我是有理由的。

中国人私人相骂,谁的声音高就是谁的理由足。所以我宁可受些委曲,不愿意也不能与人相骂。打笔墨官司的时候,谁写得多,骂得下流,捏造得新奇就谁的理由大。

"叭儿狗……虽然是狗,又很像猫,折中,公允,调和,平正之状可掬,悠悠然摆出别个无不偏激,惟独自己得了"中庸之道"似的脸来。因此也就为阔人,太监,太太,小姐们所钟爱,种子绵绵不绝。……叭儿狗如可宽容,别的狗也大可不必打了,因为它们虽然非常势利,但究竟还有些像狼,带着野性,不至于如此骑墙。" 鲁迅:《论"费厄泼赖"应该缓行》(《莽原》一期七页)

所以我也宁可吃些亏，不愿意也不能与人家打官司。第一，我们不会捏造无中生有的事。第二，我们想不起那样的下流的字眼。第三，人家有的是闲功夫，好在衙门里没有别的事可做，我们不做事便没有饭吃。第四，人家能造种种的假名，看来好像人多势众，就是你所谓朋友也可用了假名来放两枝冷箭，我们却做不出这样的勾当。第五，他们的喽啰也实在多，我们虽然不是不认识人，可是他们既然对我们有几分信任，我们总不肯亦不忍鼓励他们去做这种无聊的事情。第六，他们有的是欢迎谩骂的报纸，我们觉得自己办的一个报纸如只能谩骂，还不如没有。

可是，志摩，还有一个顶大的原因。就是你所说的"漆黑一团"很容易把你围进去。我常常觉得我们现在走的是一条狭窄险阻的小路，左面是一个广漠无际的泥潭，右面也是一片广漠无际的浮沙，前面是遥遥茫茫荫在薄雾里面的目的地。泥潭里有的是已经陷下去的人，有的在浅处，有的已经没到了口鼻。他们在号着，叫着，笑着，骂着。你要是忍不住他们的诬辱，一停足，一回头，也许就会忘了你的目的地。你要是同他们一较量，你不能不失足，那时你再不设法拔你的脚出来，你也许会陷、陷、陷，直到没头没顶才完毕。这就是我一向不爱与人较量的理由。我觉得我们的才具虽小,我们的学问虽浅薄,究竟也有它们的适当的用处。爝火虽然没有多大的光,可是不能因为了有太阳便妄自菲薄,何况还没有太阳。所以我一向总想兢兢业业的向前走,总想不让暴戾之气占据我的心。可是,志摩,这次也危险得很了!这一次我想,我已经踏了两脚泥!我觉悟了。我大约不再打这样的笔墨官司了。

昨晚因为写另一篇文章,睡迟了,今天似乎有些发热。今天写了这封信,已经疲乏了。就打住吧。希望你恳切的指导我。

源 十五,一,二八。

(一九二六年一月,《晨报副刊》所载)

北京绍兴县馆补树书屋

初次见鲁迅先生

马珏

我从前不爱看小说,有时跟同学在一块,他们老看,我呆着,也太没意思,所以也就拿一本看看;看看,倒也看惯了,就时常地看。

在所看的这些小说里,最爱看的,就是鲁迅先生所作的了。我看了他的作品里面,有许多都是跟小孩说话一样,很痛快,一点也不客气;不是像别人,说一句话,还要想半天,看说的好不好,对得起人或者对不起人。鲁迅先生就不是,你不好,他就用笔墨来痛骂你一场,所以看了很舒服,虽然他的作品里面有许多的意思,我看不懂;但是在字的浮面看了,已是很知足的了。

但是鲁迅这人,我是没有看见过的,也不知道他是个什么样子,在我想来,大概同小孩差不多,一定是很爱同小孩在一起的。不过我又听说他是老头儿,很大年纪的。爱漂亮吗?大概许爱漂亮,穿西服罢。一定拿着stick,走起来,棒头一戳一戳的。分头罢?却不一定;但是要穿西服,当然是分头了。我想他一定是这么一个人,不会错的,虽然他也到我们家来过好几次,可是我都没有看见他。

有一天,我从学校里回来,听见父亲书房里有人说话似的,我问赵增道:"书房有什么客?""周先生来了一会儿了。"我很疑惑地问道:"周先生?哪个周先生?""我也说不清!"我从玻璃窗外一看,只见一个瘦瘦的人,脸也不漂亮,不是分头,也不是平头。我也不管是什么客人,见见也不妨,于是我就进去了。

见了,就行了一个礼,父亲在旁边说:"这就是你平常说的鲁迅先生。"这时鲁迅先生也点了点头,看他穿了一件灰青长衫,一双破皮鞋,又老又呆板,并不同小孩一样,我觉得很奇怪。鲁迅先生我倒想不到是这么一个不爱收拾的人!他手里老拿着烟卷,好像脑筋里时时刻刻在那儿想什么似的。

我呆了一会儿,就出来了;父亲叫我拿点儿点心来,我就拿碟子装了两盘拿了去,又在那儿呆着。我心里不住地想,总不以他是鲁迅,因为脑筋已经存了鲁迅是一个小孩似的老头儿,现在看了他竟是一个老头似的老头儿,所以不很相信。这时也不知是怎么一回事,只看着他吃东西,看来牙也是不受什么使唤的,嚼起来是很费力的。

后来看得不耐烦了,就想出去,因为一个人立着太没意思;但是刚要走,鲁迅先生忽然问我道:"你要看什么书吗?《桃色的云》你看过没有?这本书还不错!"我摇了摇头,很轻地说了一句"没有"。他说:"现在外面不多了,恐怕没处买,我那儿还有一本,你要,可以拿来。"我也没响。这么一来,又罚了我半天站,因为不好就走开。但是我呆着没话说,总是没有意思,就悄悄走出来了。看见衣架上挂了一顶毡帽,灰色的,那带子上有一丝一丝的,因为挂得高,看了不知是什么,踮起脚来一看,原来是破的一丝一丝的。

自鸣钟打了五点了,鲁迅先生还没有走的信息。我就只等着送,因为父亲曾对我说过,我见过的客,送时总要跟在父亲后头送的,所以老等着,不敢走开。

嗒!嗒!……打了六下了,还是不走,不走倒没什么关系,叫我这么呆等着,可真有点麻烦。玩去,管他呢,不送也不要紧的!不行呀,等客走了,又该说我了,等着罢!

"老爷，车雇好了，"赵增进来说。我父亲应了一声，这时听见椅子响，皮鞋响，知道是要走了，于是我就到院子里来候着。一会儿，果然出来了，父亲对我说："送送鲁迅先生呀！"鲁迅又问我父亲说："他在孔德几年级？"我父亲答了，他拿着烟卷点了点头。我在后头跟着送，看见鲁迅先生的破皮鞋格格地响着，一会儿回过头来说："那本书，有空叫人给你拿来呀！"我应了一声，好像不好意思似的。一会儿送到大门口了，双方点了一点头，就走了。我转回头来暗暗地想："鲁迅先生就是这么一个样儿的人呵！"

（一九二六年三月，《孔德学校旬刊》所载）

鲁迅1926年画像(陶元庆作)

读《呐喊》

雁冰

一九一八年四月的《新青年》上登载了一篇小说模样的文章，它的题目，体裁，风格，乃至里面的思想，都是极新奇可怪的：这便是鲁迅君的第一篇创作《狂人日记》，现在编在这《呐喊》里的。那时《新青年》方在提倡"文学革命"，方在无情地猛攻中国的传统思想，在一般社会看来，那一百多面的一本《新青年》几乎是无句不狂，有字皆怪的，所以可怪的《狂人日记》夹在里面，便也不见得怎样怪，而曾未能邀国粹家之一斥。前无古人的文艺作品《狂人日记》于是遂悄悄地闪了过去，不曾在"文坛"上掀起显著的风波。

但是鲁迅君的名字以后再在《新青年》上出现时，便每每令人回忆到《狂人日记》了；至少，总会想起"这就是《狂人日记》的作者"罢。别人我不知道，我自己确在这样的心理下，读了鲁迅君的许多随感录和以后的创作。那时我对于这古怪的《狂人日记》起了怎样的感想呢，现在已经不大记得了；大概当时亦未必发生了如何明确的印象，只觉得受着一种痛快的刺戟，犹如久处黑暗的人们骤然看见了耀眼的阳光。这奇文中冷隽的句子，挺峭的文调，对照着那含蓄半吐的意义，和淡淡的象征主义的色彩，便构成了异样的风格，使人一见就感着不可言喻的悲哀的愉快。这种快感正像爱吃辣的人所感到的"愈辣愈爽快"的感觉。我想当日如果竟有若干国粹派读者把这《狂人日记》反复读至五六遍之多，那我就敢断定他们（国粹派）一定不会默默的看它（《狂人日记》）产生，而要把恶骂来欢迎它的生辰了。因为这篇文章，除了古怪而不足为训的体式外，还颇有些"离经叛道"的思想。传统的旧礼教，在这里受着最刻薄的攻击，蒙上了"吃人"的罪名了。在下列的几句话里：

"凡事总须研究，才会明白。古来时常吃人，我也是还记得，可是不甚清楚。我翻开历史一查，这历史没有年代，歪歪斜斜的每叶上都写着'仁义道德'几个字。我横竖睡不着，仔细看了半夜，才从字缝里看出字来，满本都写着两个字是'吃人'！"

中国人一向自诩的精神文明第一次受到了最"无赖"的怒骂；然而当时未闻国粹家惶骇相告，大概总是因为《狂人日记》只是一篇不通的小说，未曾注意，始终没有看见罢了。

至于在青年方面，《狂人日记》的最大影响却在体裁上；因为这分明给青年们一个暗示，使他们抛弃了"旧酒瓶"，努力用新形式，来表现自己的思想。

继《狂人日记》而来的，是笑中含泪的短篇讽刺《孔乙己》；于此，我们第一次遇到了鲁迅君爱用的背景——鲁镇和咸亨酒店。这和《药》《明天》《风波》《阿Q正传》等篇，都是旧中国的灰色人生的写照。尤其是出世在后的长篇《阿Q正传》给读者以难于磨灭的印象。现在差不多没有一个爱好文艺的青年口里不曾说过"阿Q"这两个字。我们几乎到处应用这两个字，在接触灰色人物的时候，或听得了他们的什么"故事"的时候，《阿Q正传》里的片段的图画，便浮现在脑前了。我们不断的在社会的各方面遇见"阿Q相"的人物，我们有时自己反省，常常疑惑自己身中也免不了带着一些"阿Q相"的分子。但或者是由于怠于饰非的心理，我又觉得"阿Q相"未必全

鲁迅《阿Q正传》手稿

然是中国民族所特具,似人类的普通弱点的一种。至少,在"色厉而内荏"这一点上,作者写出了人性的普遍弱点来了。中国历史上的一件大事,辛亥革命,反映在《阿Q正传》里的,是怎样叫人短气呀!乐观的读者,或不免要非难作者的形容过甚,近乎故意轻薄"神圣的革命",但是谁曾亲身在"县里"遇到这大事的,一定觉得《阿Q正传》里的描写是写实的。我们现在看了这里的七八两章,大概会仿佛醒悟似的知道十二年来政乱的根因罢!鲁迅君或者是个悲观主义者,在《自序》内,他对劝他做文章的朋友说道:

"假如一间铁屋子,是绝无窗户而万难破毁的,里面有许多熟睡的人们,不久都要闷死了,然而是从昏睡入死灭,并不感到就死的悲哀。现在你大嚷起来,惊起了较为清醒的几个人,使这不幸的少数者来受无可挽救的临终的苦楚,你倒以为对得起他们么?"

朋友回答他道:"然而几个人既然起来,你不能说决没有毁坏这铁屋子的希望。"

因为"说到希望,是不能抹杀的",所以鲁迅君便答应他朋友做文章了,这便是最初的一篇《狂人日记》。但是他的悲观以后似乎并不消灭,在《头发的故事》里,他

又说:

"现在你们这些理想家,又在那里嚷什么女子剪发了,又造出许多毫无所得而痛苦的人!

"现在不是已经有剪掉头发的女人,因此考不进学校去,或者被学校除了名么?

"改革么,武器在哪里?工读么,工厂在哪里?

"仍然留起,嫁给人家做媳妇去;忘却了一切还是幸福,倘使伊记着些平等自由的话,便要苦痛一生世!

"我要借了阿尔志跋绥夫的话问你们:你们将黄金时代的出现预约给这些人们的子孙了,但有什么给这些人们自己呢?"

这不是和《自序》中铁屋之喻是一样悲观而沉痛的话么?后来,在《故乡》中,他又明白地说出他对于"希望"的怀疑:

"我想到希望,忽然害怕起来了。闰土要香炉和烛台的时候,我暗地里笑他,以为他总是崇拜偶像,什么时候都不忘却。现在我所谓希望,不也是我自己手制的偶像么?只是他的愿望切近,我的愿望茫远罢了。我在朦胧中,眼前展开一片海边碧绿的沙地来,上面深蓝的天空中挂着一轮金黄的圆月。我想:希望是本无所谓有,无所谓无的。

这正如地上的路；其实地上本没有路，走的人多了，也便成了路。"

至于比较的隐藏的悲观，是在《端午节》里。"差不多说"就是作者所以始终悲观的根由。而且他对于"希望"的怀疑也更深了一层。

但是《阿Q正传》对于辛亥革命之侧面的讽刺，我觉得并不是因为作者是抱悲观主义的缘故。这正是一幅极忠实的写照，极准确的依着当时的印象写出来的。作者不曾把最近的感想加进他的回忆里去，他决不是因为感慨目前的时局而带了悲观主义的眼镜去写他的回忆；作者的主意，似乎只在刻画出隐伏在中华民族骨髓里的不长进的性质，——"阿Q相"，我以为这就是《阿Q正传》之所以可贵，恐怕也就是《阿Q正传》流行极广的主要原因。不过同时也不免有许多人因为刻画"阿Q相"过甚而不满意这篇小说，这正如俄国人之非难梭罗古勃的《小鬼》里的"丕垒陀诺夫相"，不足为盛名之累。

在中国新文坛上，鲁迅君常常是创造"新形式"的先锋；《呐喊》里的十多篇小说几乎一篇有一篇新形式，而这些新形式又莫不给青年作者以极大的影响，必然有多数人跟上去试验。丹麦的大批评家布兰兑斯曾说："有天才的人,应该也有勇气。他必须敢于自信他的灵感,他必须自信,凡在他脑膜上闪过的幻想都是健全的,而那些自然而然来到的形式,即使是新形式,都有要求被承认的权利。"这位大批评家这几句话,我们在《呐喊》中得了具体的证明。除了欣赏惊叹而外,我们对于鲁迅的作品,还有什么可说呢?

(一九二三年十月,《文学》所载)

读《呐喊》

丫 生

我们走进荒凉平原，辽阔沙漠也似的文艺园里，只看到薄暮的天气，笼罩着许多乱草，碎石，在脆弱的心头上，也只会感到寂寞与饥渴。没有一朵明媚的花，值得我们欣赏，没有一枚黄熟的果实，充得我们饥渴！实在四顾怅然！但间或也有残落的玫瑰，与枯萎的苹果，夹杂的悬在枝上，树上。然而都是我们所不需要的。唉！时代赐予我们的寂寞与饥渴！——近年文艺界中，虽有很多努力的人，在辛勤的播种；但收获的总太少。就创作小说而言，也不过几种，其中有独树一帜特殊的作风，收效最大，最使我们满意之作，就要首推一位化名"鲁迅"君新近出版的《呐喊》了。鲁迅君在近年文艺界中，有不少的贡献，——译述方面——要算个很忠于学术的人，他耐不住文艺界中寂寞，不忍我们感受寂寞,特将他从一九一八年,《新青年》上发表的《狂人日记》,直到去年北京副刊《晨报》上的《不周山》,集成十五篇,名为《呐喊》,印行出来,惠赐我们。这应该感谢他的善心!鲁迅君,本长于译述,因为长于译述,创作也就愈益进步。以他五年来,创作只十五篇,量的方面本不多,而质的方面,就不能不使人特别的看重。此十五篇,含有两种作风的倾向——

(一)《孔乙己》《药》《明天》《头发的故事》《风波》《故乡》《阿Q正传》《端午节》《白光》《社戏》等篇,多为赤裸裸的写实,活现出社会之真实背影。如《头发的故事》《风波》《白光》《孔乙己》《阿Q正传》描写辛亥革命时,下级社会人的心理,与科举的余毒,为最深刻。

(二)《兔和猫》《鸭的喜剧》《不周山》及《自序》一篇,又含有不可解说的神秘的理想。似乎受爱罗先珂的影响不少,因为他作在去年,正爱氏来华的时候,也因为有一篇《狂人日记》开其端。

再说到他布局与用意。本来短篇小说,较长篇难作,长篇只要立定主意,搜集事实,分章分段,衔接起来尽量的写。短篇不然,要集中事实,前后回合,中以起伏曲折,不落直率平凡为上乘。尤以四五千字以内,最经济的手腕,表现篇中许多人不同的面目与动作,如该集《风波》篇中。——

"……七斤嫂没有听完,两个耳朵早通红了,便将筷子转过向来,指着八一嫂子的鼻子,说:'阿呀!这是什么话呵!八一嫂,我自己看来倒还是一个人,会说出这样昏诞胡涂话么?那时我是,整整哭了三天,谁都看见,连六斤这小鬼也都哭……'六斤刚吃完一大碗饭,拿了空碗,伸手去嚷着要添,七斤嫂正没好气,便用筷子在伊的双丫角中间直扎下去,大喝道:'谁要你来多嘴,你这偷汉的小寡妇!'

"扑的一声,六斤手里的空碗落在地上了,恰巧又碰着一块砖角,立刻破成一个很大的缺口。七斤直跳起来,捡起破碗,合上了检查一回,也喝道:'入娘的!'一巴掌打倒了六斤,六斤躺着哭,九斤老太拉了伊的手,连说着'一代不如一代'一同走了。

"八一嫂也发怒,大声说:'七斤嫂,你恨棒打人……'

"赵七爷本是笑着旁观的,但自从八一嫂说了'衙门里的大老爷没有告示'这句话以后,却有些生气了。……"

读《呐喊》

这段不过二百余字，看他能表现出六个人的口吻与行动，一笔不松，一句不赘，何等精密而又详细的艺术手腕。至于布局，不用说，谨严无比，而用意亦十分深远。复次，修辞方面，我觉得在近今语体文中，又特出一格，语体文长处是详细，但简明则不如文言，现在语体文，无论为叙事或美术文，多少都不免繁冗芜杂的弊端，句子又往往长到三四十字以上，太倾向欧化，使人读了，总发生不如文言简明了当之反感。这确是语体文还未成熟的小小缺憾！该集中，首先使我们注意的，是句调的单纯与明显，不夹一句方言，没有一句废话，更没有一个废字，而且流利痛快，又似含有自然的声韵。有这几方面的特长，怎能不会感动人，怎能不使人得到无限深刻的印象？

上面将本题说完了。再接着略叙我读后发生的题外的一种感想。

眼前中小学教育，无何种勃兴的气象。经费不足，教员教授法不良，固是个大原因。但学生对于教科书，根本上不发生兴趣，也是个困难。即如历史与地理两科，本是最枯燥不过的教材，编者与教授人，都没有别开生面的方法，引导学生去自动的切实研究，只以何人作何事，生于何地，何地有名山，出何种产物，强学生死记，这是如何刻板而无成效的事。我的意思，能使学生对这两科发生浓厚研究的兴趣，与带有文学的修养，最好以长篇小说与有系统游记体，编著这两科，再加教师有极透明的讲述。学生脑中，自会得到影响。——我可举个实例，比方要讲授一课人物事实，如《水浒》中的武松，《老残游记》中的大明湖，武松何种人，大明湖在何地方，何种景物，我想学生的脑力任是如何单弱，都永远不会忘记，而且如影戏片的活动，常时浮泛在他们的心头。——可惜这两本书，不能当作历史与地理去教学生——因此：我觉得，如《呐喊》集这类作品，虽不能当作地理与历史课本看，至少也可以用作一部作文法与修辞学读，比较什么国文作法，实在高出十倍。因此：我觉得《呐喊》确是今日文艺界一部成功的绝好的作品。有左右文艺思潮倾向的魔力，其中正因他有"特殊的面目与不朽的生命力存在"。但自也有不很重视的人。全集中，没有一篇与一段，描写男女两性的爱与婚姻问题，好谈爱的青年们，不免对之扫兴；次为全集每篇，都先后在各种刊物发表过，读过的人，当然不少，此种单行本，非真爱文艺者，怕少再去仔细谈他；然而这两件事，所以要如此，怕就是作者特别用心的所在。

艺术本无绝对的标准，一种作品，适合何阶级读者的口胃,便认为满意,故此篇我认为满意之点,或竟是别人视为批评错误的地方,但这可不问了。我现在所要代表说的,是我们青年文艺界中,正还需要这同样作品出现。漫漫长夜的寂寞场所,青黄不接的饥渴时代,正还包围,逼压的我们。同样的花与果,实在希望他再放出一朵,结成一颗。所以我们仍立等着,静听着鲁迅君第二次的"呐喊"声。

(一九二三年十月,《学灯》所载)

《呐喊》书影　　　　　　《彷徨》书影

《呐喊》的评论

成仿吾

我们每当静默中,每易悬想有一冲破这静默的动乱到来,或竟希望它临到。我一个人尤觉得静默不外是动乱的一个潜伏的时期,不会继续长久的。

近半年来的文坛,可谓消沉到极处了。我忍着声音等待震破这沉默的音响到来,终于听到了一声宏亮的呐喊。在我未曾直接耳闻这一声宏亮的呐喊之先,我先听到了一阵嘈杂的呐喊的呼声,这种呼声对于提醒人们迟钝的注意力是必要的,然对于我这种吞声等着的人,却有点觉得嘈杂而可厌。

然而我终于听到一声宏亮的呐喊了,这便是鲁迅的《呐喊》一部小说集。

在嗜好文艺的人,这一声宏亮的呐喊当然是做批评的绝好的材料，然而许多的朋友虽然很望我也做篇批评，我总觉得有点不好如何做，因为：

1. 我若写一篇赞词呢，作者名闻天下，门人弟子随处皆是，而且那些嘈杂的呼声莫不是异趣同归的赞美，我又何必把我这本来不大好听的声带撕开，放出一些讨人嫌厌的声浪？反之，

2. 我若不赞而贬呢，有许多的人已经说我是专爱吹毛求疵的，那怕不是恰恰把自己的罪名证实了？吹毛求疵！我本来不比一个化学分析的技师更干犯了这条法律，然而瓜田不纳履，李下不整冠，君子贵能远嫌，我又何乐而故干众怒？

而最使我觉得困难的，是我自己不能把要说的话说得有趣。我是个不能说趣话的人，我的笔便是我的叛逆者。世人的批评没有比对于我更不公平的，然而我颇自知这是我自己性格上的缺点，也是我自己的将以悲剧完结的命运。

然而要在我们最近的文艺中寻出一件可以为批评的对象的作品，这是多么困难的一件事！所以，假使批评是灵魂的冒险啊，这呐喊的雄声，不是值得使灵魂去试一冒险？

《呐喊》的作者也许是不承认批评的一个，我也极端

赞成作者主张自己的权利，然而批评是为的纠正作者呢，还是为的使读者了解作品的一种向导？我以为文艺批评的真的作用在使读者了解作品，使之给它一个相当的价值，至于纠正作者，那是间接的作用，是教导而不是真的用法上的文艺批评。所以文艺批评的配角是读者而不是作者，作者即不承认批评，而批评仍然要发生效力。

《呐喊》出版之后，各种出版物差不多一齐为它呐喊，人人谈的总是它，然而我真费尽了莫大的力才得到了一部。里面有许多篇是我在报纸杂志上见过的，然而大都是作者的门人手编的，所以糟得很，这回由令弟周作人先生编了出来，真是好看多了。

共计十五篇的作品之中，我以为前面的九篇与后面的六篇，不论内容与作风，都不是一样。编者不知是有意还是无意，恰依我的分法把目录分为两面了。如果我们用简单的文字来把这不同的两部标明，那么，前九篇是"再现的"，后六篇是"表现的"。

严格地说起来，前九篇中之《故乡》一篇应归入后期作品之内，然而下面的《阿Q正传》又是前期的作品，而且是前期中很重要的一篇，所以便宜上不妨与前期诸作并置。

前期的作品有一种共通的颜色,那便是再现的记述。不仅《狂人日记》《孔乙己》《头发的故事》《阿Q正传》是如此,即别的几篇也不外是一些记述(description)。这些记述的目的,差不多全部在筑成(build up)各样典型的性格(typical character);作者的努力似乎不在他所记述的世界,而在这世界的住民的典型。所以这一个个的典型筑成了,而他们所住居的世界反是很模糊的。世人盛称作者的成功的原因,是因为他的典型筑成了,然而不知作者的失败,也便是在此处。作者太急了,太急于再现他的典型了;我以为作者若能不这样急于追求"典型的",他总还可以寻到一点"普遍的"(allgemein)出来。

我们看这些典型在他们的世界不住地盲动,犹如我们跑到了一个未曾到过的国家,看见了各样奇形怪状的人在无意识地行动,没有与我们相同的地方可以使我们猜出他们的心理的状态。而作者偏偏好像非如是不足以再现他的典型的样子。关于这一点,作者所急于筑成的这些典型本身固然应负责任,然而作者所取的再现的方法也是不能不负责任的。

假使我们暂时借用那被他们滥用了的一个名称,暂不顾忌一般人的滥用,那么,这前期的几篇可以用自然主义这个名称来表出。《狂人日记》为自然派所极主张的纪录（document），固不待说；《孔乙己》《阿Q正传》为浅薄的纪实的传记，亦不待说；即前期中最好的《风波》，亦不外是事实的记录，所以这前期的几篇，可以概括为自然主义的作品。

这几篇自然主义的作品，除了那篇不能说是小说的，并且即称为随笔都很拙劣的《一件小事》之外，在它们自己的王国里大都是成绩很不坏，而且作者的手腕是很值得钦赏的。便只这种不曾见过的unique的取材，与作者的冷静而肥胖的humour，已可博得一般人的惊疑而绰有余裕。

我们现在虽然不能赞成自然派的主张，然而我们如欲求为一个公平的审判官，我们当然要给自然主义一个相当的地位。所以我们决不能因为前期这几篇是自然主义的作品而抹杀它们，我们反应当取它们在自然主义的权衡上的重量。作者先我在日本留学，那时候日本的文艺界正是自然主义盛行，我们的作者便从那时受了自然主义的影响，这大约是无可疑议的。所以他现在作出许多自然派的作品来，不仅我们的文艺进化程序上的一个空陷由他填补了，而在作者自己亦是很自然的。

前期的作品之中,《狂人日记》很平凡;《阿Q正传》的描写虽佳,而结构极坏;《孔乙己》《药》《明天》皆未免庸俗;《一件小事》是一篇拙劣的随笔,《头发的故事》亦是随笔体;惟《风波》与《故乡》实不可多得的作品。这几篇中还有一种特色,那便是它们所显现的村人的性格。作者所取的几个典型,多是乡村或小镇上的人物,在这一点,作者可谓独开生面了(描写乡村生活的文字很不少,然多庸俗之流)。我们现在在都市过活的人,看乡村的人好像永远隔着在彼岸,文学家能够在这中间造出一条桥梁,使我们知道他们,也使他们自觉,这是再好不过的事情,此中也正有无穷的材料,然而我们如果要表现他们的时候,我们最要注意环境与国民性,我们的作者可惜没有注意到这些地方,颠倒尽把他的典型写成 abnormal 的 morbid 的人物去了。这许是他所学过的医学害了他的地方,是自然主义害了他的地方,也是我所最为作者遗恨的。

赞《呐喊》的人都赞作者描写的手腕,我亦以为作者描写的手腕高妙,然而文艺的标语到底是"表现"而不是"描写",描写终不过是文学家的末技。而且我以为作者只顾发挥描写的手腕,正是他失败的地方。文艺的作用总离不了是一种暗示,能以小的暗示大的,能以部分暗示全部，方可谓发挥了文艺的效果，若以全部来示全部，这便是劳而无功了。只顾描写的人，他所表现的不出他所描写的以外，便是劳而无功的人。作者前期中的《孔乙己》《药》《明天》等作，都是劳而无功的作品，与一般庸俗之徒无异。这样的作品便再凑千百篇拢来，也暗示全部不出。艺术家的努力要在捕住全部——一个时代或一种生活的！而表现出来，像庸俗之徒那样死写出来的东西是没有价值的。

我们从《阿Q正传》翻过来看《端午节》时，我想不论谁也会觉得有点奇异的。不论表现与内容，这两篇比邻的小说是大不相同的，严格地说起来，前者不过是一篇故事(Tale)，后者才真是我们近代所谓小说。我一直读完《阿Q正传》的时候，除了那篇《故乡》之外，我好像觉得我所读的是半世纪前或一世纪以前的一个作者的作品。我读了这篇《端午节》，才觉得我们的作者已再向我们归来，他是复活了，而且充满了更新的生命。

而最使我觉得可以注意的，便是《端午节》的表现的方法恰与我的几个朋友的作风相同。我们的高明的作者当然不必是受了我们的影响；然而有一件事是无可多疑的，那便是我们的作者原来与我的几个朋友是一样的境遇之下，受着大约相同的影响，根本上本有相同之可能的。

无论如何，我们的作者由他那想表现自我的努力，与我们接近了。他是复活了，而且充满了更新的生命。在这一点《端午节》这篇小说对于我们的作者实在有重大的意义，欣赏这篇作品的人，也不可忘记了这一点。

《白光》一篇使我联想到达夫的《银灰色之死》，可惜表现实在不足，薄弱得很。《兔和猫》与《社戏》都是作者幼时的回忆，饶有诗趣，只是《鸭的喜剧》实不能说是小说，倒是一篇优美的随笔。

《不周山》又是全集中极可注意的一篇作品。作者由这一篇可谓表示了他平生拘守着写实的门户，他要进而入纯文艺的宫庭。这种有意识的转变，是我为作者最欣喜的一件事，这篇虽然也还有不能令人满足的地方，总是全集中第一篇杰作。

总而言之，假使《呐喊》有一读之价值，它的价值是在后期的几篇，假使作者关于自己有所表白于我们，那便是他的复活。

我在上面草率地把我关于《呐喊》的意见说过了，然而在我搁笔之先，觉得还有几句话没有说尽。

作者是中途使用白话文的一人,他用了许多无益的文言,原不足怪,然而读下去是很使人不快的,又作者的用字不甚修洁,造句不甚优美,还有些地方艰涩,这都是使作品损色的。我们的新文学现在还是在一个建设国语的时期,许多的表白都待我们来新创,我希望大家在这一方面多多努力,不要忽视了。

集中有几篇是不能称为小说的,我在前面已经说过了。我们中国人有一种通病,便是新诗流行的时候,便什么文字都叫做新诗,小说流行的时候,便什么文字都叫小说,这是很容易使人误会的事情。作者是万人崇仰的人,他对于一般青年的影响是很大的,像这样鱼目混珠,我是对于他特别不满意的。

全集我只看了一回,我现在只凭了我的记忆在这里说话,我如多看一两回,也许发生不同的见解,然而我回头一看,却还不觉得有什么矛盾的地方,所以我将在这里搁笔,就把这几句话拿去报答希望我做批评的几个朋友。至于狂妄的地方,那也不外是我自己暴露了自己虚空的裸体,大方君子可不要笑绝。

(一九二四年一月,《创造季刊》所载)

八道湾前罩房鲁迅住室，鲁迅在此创作了《阿Q正传》

《呐喊》

冯文炳

我不是批评家，也不知道什么才算得文艺批评，平常只爱一篇一篇的读文章，来清醒我自己，扩大我自己。现在便报告这态度之施用于《呐喊》者。

我每当愤激或嫌恶的时候，总说不出话来，说话要心头舒服，发生了悲哀或同情；我的悲哀或同情的对象，不一定是高者伟者，——几乎都是卑贱者，所以我崇拜"杀身成仁,舍身取义"的文天祥，我尤眷念那忠实地自白着"本图宦达，不矜名节"的李密。在文艺上，凡是本着悲哀或同情而来表现卑者贱者的作品，我都欢喜。

因此，《呐喊》里面合我的脾胃的是《孔乙己》了。

鲁迅君的文章，在零碎发表的时候，我都看过一遍两遍，只有《孔乙己》到现在每当黄昏无事，还同着其他相同性质的作品拿起来一路读。正如著者在自序中那几句随便的对话："那么,你抄他是什么意思呢？""没有什么意思。"不过若问他有什么用,我却要郑重的踌躇一会儿。世间上的效用,有可计量的,有不可计量的,先生教我一章书,我立刻添了一章书的知识,放学回家见了母亲,我的脚跳起来了,脸上也立刻是一阵笑,——你能说母亲所给与我的不及先生那么多吗？我读完《孔乙己》之后,总有一种阴暗而沉重的感觉,仿佛远远望见一个人,屁股垫着蒲包,两手踏着地,在旷野当中慢慢地走。我虽不设想我自己便是这"之乎者也"的偷书贼,(我平素读别的小说如显克微支的《乐人扬珂》,梭罗古勃的《微笑》,仿佛我就是扬珂,就是格里沙),但我总觉得他于我很有缘法。

鲁迅君的刺笑的笔锋,随在可以碰见,如《白光》里的陈士成,《端午节》里的方玄绰,至于阿Q,更要使人笑得个不亦乐乎,独有孔乙己我不能笑,——第一次读到"多乎哉？不多也",也不觉失声,然而马上止住了,阴暗起来了。这可见得并不是表现手段的不同,——我不得不推想到著者执笔时的心情上去呵。

《故乡》《药》,自然也有许多人欢喜,我也不想分出等级,说这一定差些,但他们决不能引起我再读的兴趣,——意思固然更有意思了,除掉知道更有意思而外,不能使我感觉什么。

临末我也说一句俏皮话:我在饭馆里,面包店里,都听到恭维《呐喊》的声音,著者"我决不是一个振臂一呼应者云集的英雄"的发见,可以说是不再适用了。——那么,鲁迅君,你还以所感到者为寂寞么?

(一九二四年四月,《晨报副刊》所载)

1925年鲁迅为《阿Q正传》俄译著本所摄

鲁迅的《呐喊》

玉狼

英国写实的小说家狄根司做了一部《块肉余生述》，轰动一时。与他同时的批评家安诺德却到六十岁才把它拿起来翻了一翻。这种超时代的精神，我们对之惟有企望其不可及而已。然而现在的创作小说，虽然多的很，但是除掉茶余饭后，把它当作消遣品拿起来看一看；像鲁迅先生的《呐喊》，读了一遍，又读一遍，还想再读一遍，实在我对于近人的小说从来没有过的事情。鲁迅的《呐喊》令人太感觉得深刻，而兴念不已了。

近来文学界的趋势，以为研究一个作家，能知道他的生平，对于他的作品可以格外了解清楚些。所以欧美近来关于一个作家的事实的发见，大家都把他看为很宝贵的。但这种事实决不如那般谬误的考据家所梦想，从作者的作品里去抽绎出来的，虽然作品里的事实不免和作者自身多少有点关系，却决不可去牵强附会的。驰誉于中国文坛的《呐喊》作者鲁迅，到于今自己还不肯把真姓名露出来，要到中国文艺界里做一个莫里哀或福禄特尔。凡可以遮掩的事实无不用力去遮掩，甚至于在他《自序》里不惜引用林琴南《蠡叟丛谈》里的金心异来代替他同乡友人中一位反对汉字的激烈派。虽然这位作者性情孤高，不要世人知道他是谁，但是读了他的《自序》，看他由希冀而奋斗，由困顿而失望，由寂寞而悲观，终不甘自止于悲观，在悲观中犹存感悟世人，"救救孩子"之念，他小说中呐喊出来的声音自然是带着悲世愤俗的色彩。他作品的特点早已在他的《自序》里露出来了。

我们在作品的《自序》里还可以看出这位作者，不能说不是一件很幸的事情。近日所出版的作品几乎没有一篇没有自序，然而我们读了这自序只觉其浮夸，丝毫不能帮助我们对于作者作品的了解。现在读了《呐喊》的《自序》，却不仅可以略略知道一点作者的生平，还感觉他的人格，令人深印不忘。这个在我们读英国散文的时候，也常常有这种经验。蓝姆（Lamb）散文亲密恳挚，若家人絮语，读了令人爱不忍释。肖伯讷（Barnard Shaw）的散文则浮夸炫耀，若暴发户口吻，看了令人直欲喷饭。然而充满现代的散文，我只见其如肖伯讷之暴发户口吻，像蓝姆的家人絮语，《呐喊》的《自序》，还算有数的作品。

读了作者的《自序》以后，我们至少可以晓得他是经过忧患来的。幼年在家庭里，是因在医药生活里服侍父亲，"有四年多，曾经常常——几乎是每天，出入于质铺和药店里"。这是何等痛苦的事情，这是何堪回忆的事情！等到后来日本留学得到一点医药知识以后，"便渐渐的悟得中医不过是一种有意的或无意的骗子，同时又很起了对于被骗的病人和他的家族同情"；于是就产生了《药》和《明天》两篇作品，是攻击庸医误人，和病人自误的。少时的记忆或许不能全忘却，这两篇可说是他从前的经验，然而他却用"慈爱"代"子孝"来表出来，许是今昔光景的不同，可也是他诚恳敦厚的地方。

在日本留学几年，天天处在强国民族的爱国潮，和弱国民的受辱境中，作者所得的影响和刺激深了。然而少年人究竟是容易充满理想美满梦的，所以他还以希冀而奋斗。时而想学医来活人，强壮国人的体格；时而想提倡文艺来救世，刷新国人的精神。立意不为不善做事不为不热心了，乃终于学医中辍，提倡文艺竟成梦想。作者至此，困顿失望，不可名状。而入世既深，觉世愈险，辗转蹉跎，几十年在世上的光阴，只不过多看了几十年的罪恶；于是就产生了《狂人日记》《阿Q正传》等篇。

综观全书至少有两个特异的地方：（一）讽刺性质，（二）地方色彩。作者这两种特质，不仅是时下一般小说家流所梦想不到的，从历史上找，也很难得着可与比拟的人；——我想起两个英国小说家了，一个是斯尉夫特，一个是厄治卫司。

(一九二四年十月，《学灯》所载)

呐喊
——桌话之六

天用

我在以前一篇《桌话》里说好的文学都是含有诗的真理的,这种诗的真理就是美;一篇文艺无论对象多么不美,只要表现的真实动人,使读者读到的时候,忽然间脑中光明起来,心里发生一种近于愉快的感觉,这篇文艺便是妙文。

这个"妙文"的称号我如今加在鲁迅的《呐喊》的上面,虽然他的这本小说所描写的大半是一种愚蠢灰白的乡间生活。这种生活如今我们身历其境,一定会发生作者所谓的"寂寞"或是憎恶的感觉,愉快自然谈不上,美是更远了;不过这种生活经过了艺术的洗礼之后,我们再来看它,则只觉到脑亮,心愉,只觉到美,而不会觉得憎厌了。

这本小说之中描写乡间生活的八篇,篇篇有美妙的地方；而写一种与诗人恋人并列的人入神时所发的至理名言的《狂人日记》，与写城市中智识阶级的生活的《端午节》，也有鳞爪发露出来。在上述的八篇乡间生活的小说中，《阿Q正传》虽然最出名，我可觉得它有点自觉的流露。并且它刻画乡绅的地方作《儒林外史》的人也可以写的出来，虽然写赵太太要向阿Q买皮背心的一段与阿Q斗王胡的一段可以与《故乡》中闰土的描写同为前无古人之笔。

《故乡》是我意思中的《呐喊》的压卷。我所以如此说，不仅是因为在这篇小说里鲁迅君创造出了一个不死的闰土，也是因为这篇的艺术较其他各篇胜过多多。

作者的这十五篇小说本来都是些杂感，与周作人君译的《现代日本小说集》中许多篇的体裁相同，并不在结构、发展上用力，只是将作者所有过的见闻，所遇过的人物之中不得已于言的叙写下来罢了。虽然那种不顾深的人生的观察与深的个性描写，而只是忙碌于结构一个惊人的故事的态度，我们不能赞同，然而艺术可以补救散漫的弊病，并且像是一种增加滋味的香料——进一步说，一个文学家的内生的艺术对于他或伊的著作的关系简直同烹调对于食品的关系一般——所以文学者对于艺术也应该加以相当的注意。

纯就艺术的观点看来，《明天》一篇插入红鼻子老拱以及蓝脸阿五的各种下劣的行为以反映单四嫂子孀中丧子的悲哀，固不下于《故乡》的艺术；并且《明天》描写单四嫂子还以为伊的儿子没有死，以及伊失子后只觉着屋子过沉静、过空虚的地方，也是很真的，不过我们总对于《明天》觉着一种难言而微妙的不满，这就是它的个性描写的缺乏。（《故乡》的优越即是为此。）

《故乡》中的闰土由一个活泼新鲜的儿童一变而为一个眼红面绉颜色灰黄衣单掌裂的中年人，从此处起，他就吸住了我们的全副注意；接着，又由往日平等的称呼一转而为幻想中的"老爷"，又迟疑的就了坐，又张开口来想诉苦而终于诉不出来，拿起烟管来默默的吸烟了，又拣选与实利主义离的很远的香炉烛台带回去，又（这里作者奏艺术上的凯旋）在草灰中藏起十多个碗碟。这里又是艺术，又是真实而深刻的人生，我们简直分辨不出谁是谁了。

我所唯一不满于这篇结构的地方便是最后的三段不该赘入。小说家是来解释人生，而不是来解释他的对于人生的解释的，作者就是怕人看不出，也是可以另作一文以加注解，不可在本文中添上蛇足，更何况这三段文章中所解释的两层是读者很容易于发见的呢？

至于作者关于希望的教训，尽可以拿去别处发表，不应该淆杂在这里，——虽然他拿走路来比希望的实现，我觉得比得很好。我写到这里，我的脑中涌起了一种解释！就是，这处的蛇足或者是杂感体的小说的一种弱点的表现。因为写杂感的人看见了一件事情之后，总是免不了发生感触的（不然也就不成其为杂"感"了），因此他就自然而然的，在写完见闻之后将他的对于这些见闻的感触也写了下来；这在杂感文中是很可以行的，但在小说（杂感体的小说也终究是小说）之中则是不可行的。因为小说——近代的小说——所认定的职务只是将作者的见闻记下来，至于这些见闻所引起的感触，则作者应当让读者自身去形成，不能拿作者自身的感触来强读者；即如我个人读完了这篇小说时候的感触，即是它创造出了一个不死的中国乡人，而非关于"希望"的任何感想。

我以上的话，是就一篇完美的小说的观点来批评《呐喊》中的一个例子，这种批评上的工作是不可少的；不过批评对于作者，另外还有一种工作，就是顺着作者的本意来批评他的产品，换句话说，就是看作者注意之所汇聚而尽全力以求表现出来的东西，究竟表现出来了没有。

《呐喊》的作者要表现出来，至少是所表现出来的东西，就是乡间生活。他因为想达到这种目的，就采用了（至少是无意的，内生的，然其为采用则一。）三种方法，它们是，姓名的制作，背景的烘托，人物的刻画。

姓名的制作的最初的例子就是《狂人日记》中的狼子村，最好的例子则多不胜举，如孔乙己，老栓，小栓，驼背五少爷，红眼睛阿义，九斤老太，闰土等名字，它们不仅有浓厚的地方色彩，并且将中国的文明风俗也暗示出来了。替书中人物起一个适当的名字，是大小说家所具的本领，英国的萨克雷，狄铿斯都有的；国内从事小说的文人呵，我希望你们替你们的儿童少起些XYZ的名字，而多起些闰土、九斤老太、孔乙己一类的名字罢。（虽然我毫不情愿你的肉身儿女，男像赵七爷，而女像七斤嫂！）

写得好的背景有《药》中的"秋天的后半夜，月亮下去了。……一片乌蓝的天；除了夜游的东西，什么都睡着……""街上黑沉沉的一无所有，只有一条灰白的路……"又有《风波》中的起端：

"临河的土场上，太阳渐渐的收了它通黄的光线了。场边靠河的乌桕树叶，干巴巴的才喘过气来，几个花脚蚊子在下面哼着飞舞。……门口的土场上泼些水，放上小桌子和矮凳……是晚饭的时候了。"

这些背景与济慈的

Brushing the Cobwebs

With his Lofty. P1ume

一类的描写同有不朽的价值。

谈到人物的描画，首先入我脑中的便是《风波》中的七斤嫂，伊"将饭篮在桌上一摔，愤愤的"，伊"装好一碗饭，搡在七斤面前"，伊"用筷子指着他的鼻尖"，寥寥的几下点睛，生气的七斤嫂真个活的要飞起来了。我又想起《明天》中为侠不终的蓝皮阿五，以及《孔乙己》中在店主人嘲笑之时表示出恳求眼色的主人翁。

在这三种艺术的方法之上作者加上了他自创的文体，这种文体最明显——可惜稍嫌过火——的发见于《阿Q正传》之中；它很像周作人的，而不是模仿周君，其实说来，周君的《夏夜梦》（除了"统一局"外别的我不能贺他成功，周君在译小说与写杂感的时候，他的文体才自然的达到它的最高点，《夏夜梦》则有点近于自觉，与鲁迅君《阿Q正传》一样）。还是受了鲁迅君的一点影响呢。文体不可作的过甚,英国的加来尔与裴忒便是最好的前车。

（一九二四年十二月，《文学》所载）

我所见于《示众》者

孙福熙

《语丝》第二十二期是我在家中接到的,看到其中有鲁迅先生的《示众》,很想立刻细读。但在家,不知怎的,总不能分出一些时间来看他。到了西湖,我有分配我的时间的主权了。我的房在寺中最后的一进。点起煤油灯,愈显出四周的静寂:几个和尚都已睡去了,而且离我远得很哩。因为房间高大,而且灯光被返光罩所阻,光亮不出桌面以外,所以就是在房间中望四壁,也还觉得辽远得很。有时听到房后六一泉中乐响,可以想见游鱼跳跃出水而立刻掉入;也可以想见水面起一水圈,渐渐扩大到无穷远。在这环境中我看《示众》了。

我十分明白,我不能看懂鲁迅先生文意的一半。他多少年以来所有的境遇的崎岖,加以他的观察的锐敏,使他看透世情；二十余岁的我那里能够完全懂得他的用心。这里只就我自以为懂的一点说说。

在普通情形中，一个淡黄制服挂刀的巡警与一个穿蓝布大衫白背心的男人，倘若不是父子，兄弟或朋友，有什么关系呢！然而两个无论什么人，当初似乎毫无关系的，常常可以发生极大的关系。《示众》的作者用一条绳，巡警牵着一头，一头拴在白背心的臂膊上，说明似乎毫无关系的他们俩的关系。就我的看法，这条绳是全篇主意的象征，我们只要看以下的许多叙述好了：

"这胖子过于横阔，占了两人的地位，所以续到的便只能屈在第二层……

"但是后面的一个抱着孩子的老妈子却想乘机挤进来了，秃头怕失了位置，连忙站直……

"但他钻到第三——也许是第四——层，竟遇见一件不可动摇的伟大的东西了……

"一个挟洋伞的长子就来补了缺……

"长子弯了腰……但不知道为什么忽又站直了。于是他后面的人们又须竭力伸长了脖子……

"巡警突然间，将脚一提，大家又愕然，赶紧都看他的脚……

"忽然,就有暴雷似的一击,连横阔的胖大汉也免不得向前一踉跄。……"

如此之类还多着哩,都是叙述一个人存在着,就是偶然与毫不相干的人相遇,也要发生许多关系,而且常反拨过来影响于自己。老妈子决想不到他的苏州俏要碰车夫的鼻梁,而且间接的使自己踉跄。挟洋伞的长子应该饱看而无阻了,偏有死鲈鱼因被他所阻不得不竭力伸长了脖子,而使他生气。——现在多数的人非但没有同情,而且,因为争夺惯了,总以为他人的损失就是自己的得益,所以做了损人不利己的事也觉得快活:

"胖孩子……想从胖大汉子腿旁的空隙间钻出来。胖大汉赶紧站稳,并且将屁股一歪,塞住了空隙,恨恨的问道:'什么……'

"车上的客依然坐着,车夫已经完全爬起,但还在摩自己的膝髁,周围有五六个人笑嘻嘻地看他们。"

鲁迅先生是人道主义者,他想尽量的爱人;然而他受人欺侮,而且因为爱人而受人欺侮。倘若他不爱人,不给人以轻气瓶中混入空气燃烧时就要爆裂的智识,他不至于炸破手(注)。他受了欺侮,所以想复仇,他看人受欺侮,所以想代人复仇。然而,他在日本专制了拿回来复仇的短刀可曾沾过谁的血了呢？我知道没有。或者，他可曾用无论那一种方法毒害过他的仇人呢？我也知道没有。大家看起来，或者连他自己，都觉得他的文章中有凶狠的态度，然而，知道他的生平的人中，谁能举出他的凶狠的行为？他实在极其和平的，想实行人道主义而不得，因此守己愈严是有的，怎肯待人凶狠呢？虽然高声叫喊要人做一声不响的捉鼠的猫，而他自己终于是被捉而吱吱的叫的老鼠。《示众》中巡警与白背心之间的一条绳，推广而至于其余看客间相互的种种关系，就是他确信的人道主义的根据。他岂肯抛弃他确信的主义。他是医学家，所以，欲达他的主义，他不用短刀，便用他手头的解剖刀，遇见中国人身上的毒疮，他就刺。到了现在，只看他凶狠的拿了刀刺人：他刺人是想人活还是想人死，几乎大家或连他自己都要看错了。

若论他的艺术，可惜我智识太浅，也不能尽量懂得。应本报征求青年爱读书者三〇九人中有六十九人举《呐喊》的，日常见人也总说起爱看《呐喊》。他的文章中没有风月动人，没有眉目传情，他的描写如铁笔画在岩壁上，生硬以外还夹着一尖利的声音，使人牙根发酸或头顶发火，例如：

"许多狗都拖出舌头来,连树上的乌老鸦也张着嘴喘气。"

究竟他用什么艺术使人如此爱着呢?我的意思,第一个条件是崭新。他用字造句都尽力创造。(以先他用"驼背五少爷"之后,"瞎子阿二"等等满天下了。这是模仿,不是创造。)他的这把德国式的解剖刀,虽然没有雕琢,没有藻绘,却极光亮整饬而锐利,这一点已够使人催眠而乐于被割了。加以他的手术的敏捷与审察患处的准确,虽不用麻醉药,也使人不加反抗——因为原来痛痒已极的,刺进去反觉凉爽畅快了。(鲁迅先生用文章所刺的疮是中国人大体的疮,所以大家都感得到的。)我附带的说一句,我是想学得用了山水与情感的微妙引人入胜的,然而我相信,在恶疮遍身时代的中国,即使我学得很好,用软笔蘸了甜的、香的、美丽的、凉爽的药品,在疮口缓缓的敷,总不是去患的惟一方法。(看过《社戏》中的彩色,可知《呐喊》的作者除解剖刀一般的铁笔以外还有生动的画笔哩。)就我个人而论,曾经何等的感受鲁迅先生鞭策之益呵。

读完《示众》之后,又听到屋外池中的游鱼的跳跃,我虽然独居着,却跟池面的水圈扩大,包括《示众》文里的与其余一切的人物于大我之中。我相信,鲁迅先生虽还以不能尽爱人为憾,而实际上已如水圈之波及无穷远了,我受的只是其中极微的一点而已。

以鲁迅先生的文章之有特性,倘若在外国,各杂志上早已满是研究他的作品与他的生平的文章了。在中国虽然我们很爱读他的作品,总少见评论的文字。我为了想抛砖引玉,所以顾不得自己的浅薄了,这是要请鲁迅先生原谅的。

注:这是民国成立以前鲁迅先生在浙江两级师范学堂担任化学教员时的事体。他在教室试验轻气的燃烧,因为忘记携带火柴了,故于出去时告学生勿动收好了的轻气瓶,以免混入空气,在燃烧时炸裂。但是取火柴回来一点火,居然爆发了;等到手里的血溅满了白的西装硬袖和点名簿时,他发见前两行只留着空位:这里的学生,想来是趁他出去时放进空气之后移下去的,都避在后面了。

(一九二五年五月,《京报副刊》所载)

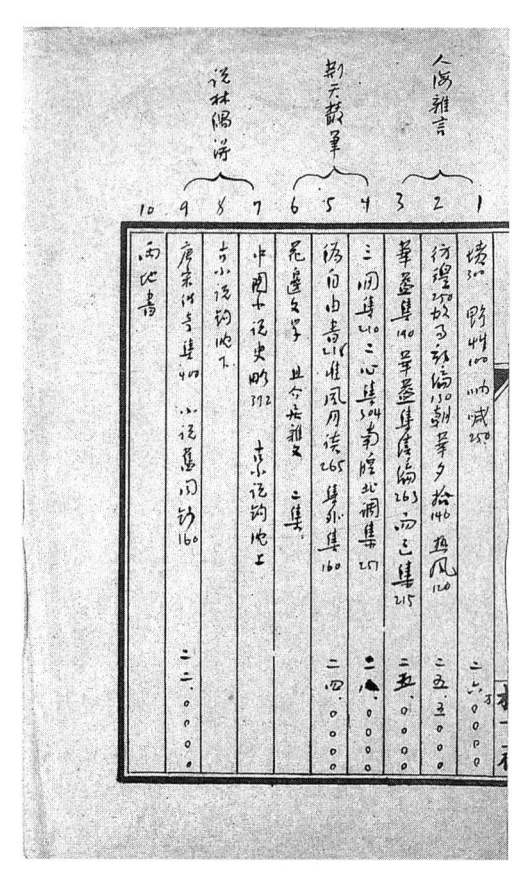

鲁迅自拟"三十年集"编目手稿，写于1936年

鲁迅先生撰译书录

景宋

一 撰著

《呐喊》。短篇小说集。自一九一八年的《狂人日记》起至二二年的《不周山》止,共十五篇;前有自序,叙述所以创作的缘由。其中的《兔和猫》有作者自己的日文译;《阿Q正传》有梁社乾氏的英文译,王希礼氏(B.A.Vassiliev)的俄文译,敬隐渔氏的法文译。先为北京新潮社《文艺丛书》之一,现收在《乌合丛书》中。北京北新书局印行。

《彷徨》。短篇小说集第二。自一九二四年的《祝福》起至二五年的《离婚》止,共十一篇。《乌合丛书》之一。印行处同前。

鲁迅《从百草园到三味书屋》手稿

《坟》。论文及随笔集。自一九〇七年留学日本时代的文言文《人的历史》起,按年代排列,经登在《新青年》的白话文而至一九二五年登在《莽原》上的《论费厄泼赖应该缓行》止,并演说二篇,共二十四篇。作者较成片段的文章,大概收录在内。未名社印行。

《野草》。小品。自一九二四年起,断续地在《语丝》上登载,现至第二十篇,未完(?)。

《热风》。杂感集。杂录自一九一八至二四年的感想小文计二十七题。北新书局印行。

《华盖集》。杂感集第二。集录一九二五年的感想文共三十一题。所论的问题,已极与实社会切近,故著者自视为"辗转而生活于风沙中的瘢痕"。印行处同上。

《华盖集续编》。杂感集第三。一九二六年一月以来的感想记录,未完。

二 翻译

《桃色的云》。俄国爱罗先珂(V.Eroshenko)的童话剧四幕;序云作者又自有增益,较日本文本尤为完全。《文艺丛书》之一。北京新潮社印行。闻现拟收入《未名丛刊》。

《一个青年的梦》。日本武者小路实笃的剧本。《文学研究会丛书》之一。上海商务印书馆印行。

《工人绥惠略夫》。俄国阿尔志跋绥夫（M.Artsybachev）的中篇小说，原在《革命故事》中。由 S.Bugow 与 A.Billard 的德文译本重译。《文学研究会丛书》之一，印行处同前。闻现拟收入《未名丛刊》。

《爱罗先珂童话集》。连《自叙传》共十二篇，其中的三篇是别人翻译的。亦《文学研究会丛书》之一。印行处同前。

《小约翰》。荷兰望蔼覃（Frederik van Eeden）的象征的写实的童话散文诗；由 Anna Fles 的德文译本重译。《未名丛刊》之一。未印。

《苦闷的象征》。日本厨川白村的《文艺论》。凡四部分：一，创作；二，鉴赏；三，关于根本问题的考察；四，起源。《未名丛刊》之一。未名社印行。

《出了象牙之塔》。日本厨川白村关于文艺的随笔及演说集，共十二篇。其中介绍勃朗宁（R.Browning）及摩理思（W.Morris）的思想及作品之处颇多。《未名丛刊》之一。未名社印行。

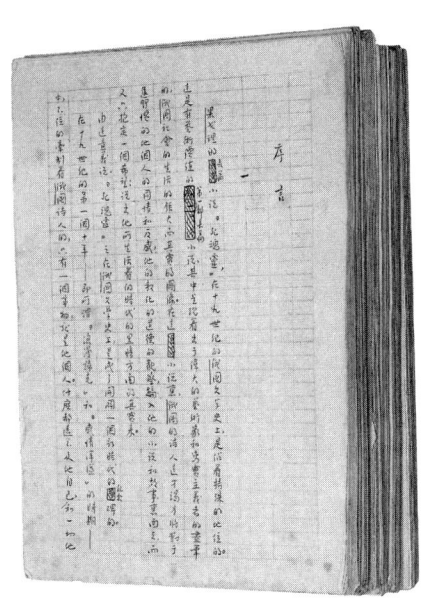

鲁迅翻译《死魂灵》手稿

法顯傳

東晉沙門法顯自記遊天竺事

法顯昔在長安慨律藏殘缺於是遂以弘始二年歲在己亥與慧景道整慧應慧嵬等同契至天竺尋求戒律初發跡長安度隴至乾歸國夏坐夏坐訖前行至耨檀國度養樓山至張掖鎮張掖大亂道路不通張掖王慇懃遂留為作檀越於是與智嚴慧簡僧紹寶雲僧景等相遇欣於同志便共夏坐夏坐訖復進到燉煌有塞東西可八十里南北四十里共停一月

鲁迅抄写《法显传》手稿

未印。

《小说旧闻钞》。这是编纂《中国小说史略》时中的副产物,将明清人所著书中关于小说的记述,类为一编。所搜采的书计及七十种,而不取专论小说之作如《小浮梅闲话》《小说丛考》《红楼梦辨》等。间有按语。北新书局印行。

四　校订

《魏中散大夫嵇康集》十卷。以明吴宽丛书堂钞本为主,校以《三国志注》《晋书》及唐宋类书所引之文,又校以明之黄省曾、程荣、张燮、张溥诸家刻本,著其异同。所得佳字甚多;又知世所传十卷本,共实皆只九卷,第一卷又俱缺一页,逐使康诗与其兄公穆诗相溷。末有逸文一卷,附录一卷。未印。

唐刘恂《岭表录异》共三卷。以《永乐大典本》为主,校以唐宋诸书所引用,补正脱误甚多。末附补遗一卷,皆《大典》本所无,又札记一卷,说明所据以改正之根据。未印。

三　纂辑

《中国小说史略》。本为北京大学讲义,后来增订成书。凡二十八篇,述周秦至清末小说的蜕变大概。有日本文译,连载《北京周报》中。北新书局印行。

《谢承后汉书辑本》。从《史记》《汉书注》及唐宋类书中辑录《谢承书》的佚文。凡六卷,前五卷依范晔书次第排列,后一卷为不见于范书的人。自云搜采考订,视姚之骃,孙志祖,汪文台诸家较为详密。未印。

《古小说钩沉》。从唐宋群书中,辑录现已散失的周至隋代小说。凡四部:第一部为《汉书艺文志》著录的书;第二部为《隋书经籍志》小说类著录的书;第三部为《新唐书艺文志》小说类著录的书;第四部为虽然不见于史志,而汉唐人却已引用者。未印。

《唐宋传奇集》。从《太平广记》《文苑英华》《青琐高议》及明清人所辑丛书中校录唐初王度《古镜记》至宋无名氏《李师师外传》共四十二篇。末为札记,考作者事迹,并订正前人妄题撰人如《五朝小说唐人说荟》等之谬者颇多。

以上所录，是单就自己所闻见和确定知道的。有许多却不登载。一、听说鲁迅先生在做文言的《人的历史》(现在《坟》中）之前,还曾为《浙江潮》做文字；在译印《域外小说集》之前,还曾译过科学小说和冒险小说,但这些都无从详细知道了,所以不载。二、在一部书中,偶有两三篇的,因为究非一人所著,也不载,如《域外小说集》《现代欧美小说译丛》《现代日本小说集》等。三、仅仅编辑的也不载,其理由同前,如《乌合丛书》《未名丛刊》《莽原半月刊》等。四、或者还有著作；现今的收罗着成捆的石刻拓本,忙着莫名其妙事,恐怕也是一种作书的准备或加工,但自己不说,别人自然更是不得而知,而且也就无从说起了。

一九二六年,六月十日,写讫。

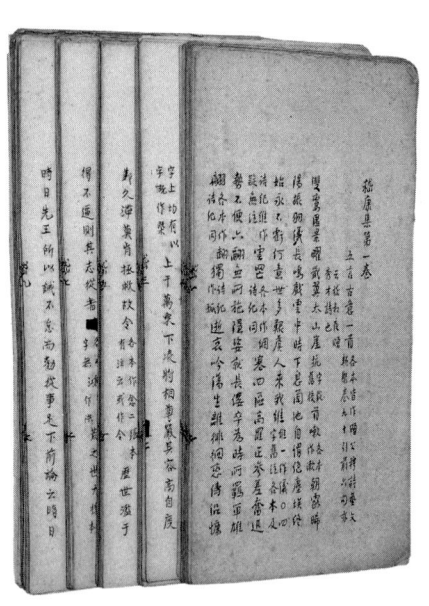

鲁迅校订《魏中散大夫嵇康集》手稿

鲁迅致台静农信